# A Combinação dos Alimentos

Doris Grant
Jean Joice

# A Combinação dos Alimentos

Tradução
MAGNO DADONAS

EDITORA GROUND

*Título original:* Food Combining for Health
*Publicado por:* Thorsons Publishing Group

1.ª edição brasileira: 1986

*Capa:* Roberta Masciarelli

*Tradução:* Magno Dadonas

*Copydesk:* José Eduardo Andrade
Edson Luiz Kozminski

*Revisão:* Ana M. Rotondano
Franz Keppler
Antônio José Fonseca

*Produção Gráfica:* Hélio Daziano

*Arte-final:* Wilson Garcia
Marco Giannella

n.º de catálogo: **2140**



**EDITORA GROUND LTDA.**
(Uma divisão da **global editora e distribuidora ltda.**)

Rua França Pinto, 836 - Cx. Postal 45329
Fone: (011) 572-4473
Cep 04016 - V. Mariana
São Paulo - SP.

Rua Mariz e Barros, 39 - conjs. 26/36
Fone: (021) 273-5944
Cep 20270 - Tijuca
Rio de Janeiro - RJ

# SUMÁRIO

# AGRADECIMENTOS

Queremos agradecer à doutora Jeannie Stirrat por ter selecionado para nós, de modo incansável, durante os últimos sete anos, muitos artigos oportunos e úteis de seus jornais e revistas de Medicina.

Também gostaríamos de agradecer à senhora Gordon Clemetson, ao doutor John Breakwell e ao doutor Hugh Cox por terem gasto seu tempo na leitura do manuscrito original deste livro e por seu interesse e estímulo constantes.

Manifestamos ainda nossa gratidão aos editores do *Hay Sistem News,* dos anos 30, pelo valioso material fornecido, e aos editores de *Healthy Living e Here's Health* por publicarem os artigos de Doris Grant sobre o Sistema Hay. Foi o enorme interesse causado por esses artigos que motivou a redação deste livro.

Finalmente queremos agradecer a Pamela Kelly pela imensa paciência que teve, datilografando e tornando a datilografar as muitas emendas às receitas, e a Anthea Gordon, por apresentar um trabalho datilográfico impecável a partir de dois estilos muito diferentes.

*Um novo exame do consolidado e bem sucedido sistema, que combina alimentos compatíveis para ajudar a prevenir e curar muitas das doenças da civilização ocidental.*

# PREFÁCIO

Alegra-me saber que a Dieta Hay está sendo ressuscitada ao fim de todos estes anos. Tenho um exemplar do livro original que minha irmã Annette deu-me quarenta anos atrás. Na orelha está escrito: "A Bíblia de John Mills. Não desista, por favor".

Dei baixa do Exército em 1942, incapacitado por uma enorme úlcera duodenal. No hospital, alimentaram-me com a costumeira dieta destinada a quem sofre de úlcera: pudim de arroz, batata amassada etc. Três meses depois não tinha havido melhora. Na verdade, nada dava certo, e me tornei um morto-vivo.

Minha irmã Annette sugeriu à minha mulher Mary que me submetesse imediatamente à Dieta Hay. Minha primeira refeição, da qual me lembro agradecido, foi uma pequena fatia de carne, uma grande salada mista e um copinho de vinho clarete. Nunca mais olhei para trás desde esse instante. Dali a seis semanas fui capaz de começar a trabalhar num filme.

Noto que na grande maioria as dietas são terrivelmente aborrecidas, especialmente para anfitriões, mas que, se a pessoa adota a Dieta Hay, pode ir a qualquer jantar, público ou particular, sem perturbar ninguém. A pessoa só precisa se lembrar do princípio de que não se pode misturar alimentos feculentos com proteínas. Pode desta forma estar bem, do começo ao fim, em qualquer situação festiva, até que chegue a hora dos pratos doces. Acho que o melhor meio de enfrentar esta situação é não tocar no doce. O garçom acabará retirando-o e ninguém notará nada.

Tenho certeza de que, na minha idade avançada, não poderia me defrontar com o trabalho que desenvolvo se não fosse um "crente". Dou oito espetáculos semanais na peça *Little Lies,* no Teatro Wyndham. O último ato é como uma maratona. É indispensável que eu esteja realmente em forma, e para tanto dependo praticamente apenas da Dieta Hay. Por coincidência, estou hoje usando a jaqueta que fiz em 1938. Não a abandonei, e ainda sou capaz de a abotoar até em cima sem nenhum problema.

Quero que este livro tenha êxito total. Garanto que toda pessoa que seguir os conselhos nele contidos obterá os maiores benefícios.

*Sir John Mills*

# INTRODUÇÃO

## Uma experiência pessoal

*Somos o que comemos; e nossa saúde é mantida ou destruída enquanto estamos com os pés sob a mesa do jantar.*

Essa verdade fundamental foi-me duramente imposta.

Quando eu tinha quase trinta anos, ocorreu-me um terrível ataque de dores reumatóides nas articulações, o qual me tirou repentinamente todo o gosto de viver. Depois que os tratamentos médicos costumeiros foram aplicados sem resultado algum, um primo que é médico veio ao meu auxílio com uma receita médica nada ortodoxa. Consistia em três colunas com nomes de alimentos: proteínas, amiláceos e frutas ácidas, junto com uma instrução: "Não misture alimentos que se chocam!"

Assim, depois de apenas uma semana, essa receita incomum, seguida conscienciosamente, trouxe-me um prêmio totalmente inesperado: o fim completo das dores causadas pela má digestão, as quais me perturbavam havia quinze anos.

Depois de apenas duas semanas, surgiram outros resultados com os quais eu não contava: a capacidade de raciocinar com mais clareza que antes e uma grande sensação de bem-estar geral que me ajudou a prosseguir.

Depois de quatro semanas, todas as dores reumatóides haviam desaparecido e nunca mais voltaram.

Ao fim de um ano, sentia-me renovada. Não tinha cansaço e experimentava uma nova energia, nunca antes percebida. Quanto mais difícil fosse a tarefa, mais eu a recebia como um desafio para a saúde e a capacidade recém-descobertas. Todavia, exceto pelo fato de não comer carne ou frutas ácidas (maçã, laranja, pêra, toranja etc.) com pão e alimentos açucarados na mesma refeição, não houvera quaisquer mudanças em minha dieta. Esta ainda incluía pão branco e açúcar refinado, cujo perigo potencial para a saúde não havia ainda despertado minha atenção. Este fato é da maior importância, por fornecer uma prova única de que o método de "não misturar alimentos que se chocam" realmente funciona.

Quase no final do primeiro ano do regime em que só ingeria alimentos compatíveis, descobri e estudei o livro *A New Health Era,* obra estimulante do dr. William Howard Hay, e constatei que a compatibilidade alimentar não era conseguida apenas "evitando misturar alimentos que se chocam".

Como conseqüência da leitura desse livro, minha dieta e saúde melhoraram ainda mais. Senti haver iniciado uma aventura maravilhosa. Todavia, convém admitir que, no início, afastar-me dos hábitos ortodoxos de alimentação não foi um mar de rosas. Parentes e amigos, principalmente amigos médicos, ridicularizavam a idéia da existência de alguma ligação entre alimento e saúde; pensavam que eu estava perdendo a razão, quando na verdade estava apenas começando a recuperá-la. Os amigos alegavam que eu abria mão de todos os prazeres da mesa: "Sem açúcar? Sem biscoitos e sem queijo? Sem torta de maçã? *Coitada* de você!"

No entanto, descobri que o alimento dá muito mais prazer quando é do tipo certo — fresco, integral, sem processamento e devidamente combinado com outro. Além disso, ao reduzir o açúcar e afinal suprimi-lo totalmente, minhas papilas gustativas se tornaram mais sensíveis e comecei a desfrutar de experiências gastronômicas novas e deliciosas. Não se tratava de forma alguma de "dieta" a seguir por um breve período ou de cura temporária de um mal específico. Muito ao contrário, era uma filosofia de vida, que abrangia o retorno aos alimentos adequados e ao bom-senso — princípios estes que garantem a saúde e a boa forma, minimizando ainda a necessidade de tratamento médico.

Minha disposição aumentava na medida em que mais me convencia de que, *em grande parte, o destino de nossa saúde está em nossas mãos.*

Ao fim de quatro anos de alimentação compatíveis, tive um segundo filho aguardado havia muito — *nove anos após o primeiro* — embora médicos e ginecologistas houvessem me advertido, após o primeiro parto, de que *eu nunca mais poderia ter filhos,* por causa de sérias complicações ocorridas depois da cesariana de emergência do primeiro parto. Os médicos não contavam com os poderes terapêuticos da alimentação compatível! Além do mais, o segundo parto foi "uma demonstração cabal de um parto lindamente normal", no dizer do ginecologista!

Passados mais três anos, tinha provas de sobra quanto a tais poderes terapêuticos, escrevendo longos artigos semanais sobre o Sistema Hay para um renomado jornal dominical — o agora extinto *Sunday Graphic* — entre 1936 e 1937. Continuei a escrever esses artigos por nove meses; causaram um interesse enorme e a redação do *Graphic* recebia centenas de cartas toda semana.

As cartas eram instrutivas e muito reveladoras. Seu conteúdo, quase monótono, falava do fracasso completo de tratamentos médicos quando os problemas eram doenças degenerativas. As "drogas maravilhosas" nunca surtiam o efeito desejado. Havia muitas vezes relatos de fracasso completo do tratamento e de casos em que a "cura" tinha sido muito pior do que a própria doença, revelando-se com freqüência fatal.

Todavia, à medida que as semanas e os meses transcorriam, chegavam muitos relatos de leitores dos artigos dizendo que sua saúde melhorara muito e que experimentavam melhoras, às vezes já durante a primeira semana. Também havia relatos sobre um maior apego à vida, com o otimismo substituindo a depressão; sobre o fim das dores da digestão, o fim dos resfriados, a redução das dores artríticas e o conseqüente aumento da mobilidade, o fim da prisão de ventre, que passava a ser coisa do passado. Muitos leitores informaram sentir-se livres do cansaço e da insônia crônica. Uma carta inesquecível foi escrita por uma senhora de setenta anos, que dizia: "Sinto-me bem pela primeira vez em minha vida!"

Tais cartas forneceram provas convincentes sobre a afirmação do doutor Hay: a causa primária da doença não são germes exteriores que sempre levam a culpa, mas sim o estado interno do solo-corpo, criado principalmente por maus hábitos de vida e maus hábitos alimentares.

Os artigos no *Graphic* logo levaram o doutor Hay a toda pressa a Londres. Ele pretendia me pedir para escrever um livro de cardápios e receitas sobre o Sistema Hay, adaptado às necessidades da dona-de-casa britânica. Foi o que fiz. O doutor Hay depois de cumprir um roteiro bem-sucedido de conferências na Inglaterra e de aprovar este livro, dando-lhe seu aval, voltou aos Estados Unidos. Agora o livro está na praça. É este. Esperamos que este novo exame do Sistema Hay reviva o interesse sobre um modo de alimentação que tem tremendo potencial para promover a saúde e a cura.

*Doris Grant*

# PRIMEIRA PARTE

# A TEORIA COMPROVADA

Doris Grant

# 1

# GRANDE PIONEIRO

William Howard Hay nasceu em Hartstown, Pensilvânia, EUA, em 1866. Profeta, filósofo e presbiteriano tenaz de origem escocesa, cresceu tendo a Medicina como a única motivação de sua vida.

Teve grande sorte porque seus pais eram de caráter excepcional. Segundo o doutor Hay, seu pai "era possuído de um refinamento mental incomum, era grande leitor de bons livros e se tornou uma das figuras mais sólidas desta comunidade". Sua mãe "aliava à excelente educação as características escocesas da parcimônia e da diligência. Era também possuidora de um dos maiores dons imagináveis, a capacidade de ver para além de situações que pareciam difíceis para outros, e um senso do certo e errado que em absoluto admitia meios-termos". O doutor Hay viu-se dotado das nobres características dos pais, e estas sem dúvida lhe deram coragem e força de caráter suficientes para superar as dificuldades que o atingiram quando seu tratamento nada ortodoxo das doenças suscitou a animosidade de seus colegas de profissão.

Formou-se pela Universidade de Nova York a 26 de março de 1891. Durante os dezesseis anos seguintes clinicou "em consonância com os melhores conhecimentos da época" e realizou muitas cirurgias. Ao fim desse período sua saúde periclitou, demonstrando que ele "não sabia mais que os outros sobre as causas que predispõem às doenças", conforme admitiu. Ficou muito doente, contraiu a doença de Bright, passando a sofrer de pressão alta e finalmente de dilatação cardíaca. A Medicina não tinha meios de tratamento para este último mal, nem sequer conseguindo aliviá-lo temporariamente. Pensou que sua carreira estava no fim e recebeu dos médicos a advertência de que precisava colocar seus negócios em ordem.

## Inspiração

No livro *A New Health Era,* o doutor Hay contou como esta advertência o inspirou a tratar de seus próprios sintomas. Fez isso "comendo o essencial", conforme dizia; comendo "apenas o que, no seu entender, a natureza havia destinado para alimentar o homem, consumindo em sua forma natural e em quantidades nunca superiores às que pareciam suficientes às necessidades do momento". (É interessante notar que, seis anos depois, o capitão-cirurgião T. L. Cleave expôs conceitos semelhantes em seu livro *The Saccharine Disease*). Para espanto dos médicos do doutor Hay, seus sintomas desapareceram pouco a pouco e ao fim de três meses ele sentia-se forte e bem disposto — o que não acontecia havia muitos anos. Seu peso baixou (antes tinha peso muito exagerado), dos 101 para os 78,5 quilos. Logo foi capaz de correr por longas distâncias sem se alterar.

Conforme escreveu, essa experiência aprofundou a convicção que se formara ao longo de dezesseis anos: *a Medicina estava no caminho errado;* preocupava-se com os resultados terminais de uma doença em vez de tentar eliminar a causa, pois "aí estava seu próprio caso, o de alguém que se recuperara de um mal que as melhores autoridades médicas diziam ser incurável". Foi necessário surgir um grande problema com a saúde e a perspectiva de um futuro sem esperanças para que seus olhos se abrissem para a possibilidade de tratar a doença de acordo com normas dietéticas, por menos ortodoxas que estas parecessem a princípio.

Contudo, foi apenas em meados de 1908 que sentiu-se recuperado, para sua íntima satisfação. Em 1911, o doutor Hay tinha a certeza quase absoluta de haver descoberto um "tratamento à prova de fogo" para a diabete. Naquela ocasião ainda não havia percebido que esse mesmo tratamento também demonstraria sua eficácia contra todas as doenças.

Durante os quatro anos seguintes dedicou todo o tempo ao tratamento de seus pacientes dentro de normas dietéticas, a fim de confirmar ou desmentir sua afirmação de que somos exatamente o que comemos e de que "o corpo não passa de uma síntese do que penetra nele sob a forma de alimentos ou bebidas". Esses quatro anos forneceram provas abundantes de que sua afirmação era correta e de que toda pessoa pode ter o bem-estar físico desejado se receber o alimento certo da forma certa (desde, claro, que não tenha havido uma alteração orgânica irreversível). Foi assim que elaborou ao longo dos anos o sistema alimentar que o tornou famoso. Contudo, afirmava sempre *não ter descoberto novidade alguma,* tendo meramente aplicado os conhecimentos já divulgados por outros; havia-os consolidado, acrescendo-os de suas próprias convicções profundas com uma pequena dose de bom-senso. Além do mais não afirmou haver "curado" qualquer doença, destacando que seu sistema simplesmente removia os obstáculos do caminho, para que a natureza revelasse seus próprios poderes terapêuticos.

A mensagem contida em *A New Health Era* nada tinha de complexo: sustentava que, por mais distintas que sejam nossas doenças, têm uma causa subjacente — o mau estado químico do corpo. Tal estado surge por meio da produção e acúmulo de produtos finais ácidos resultantes da digestão e do metabolismo em volumes superiores aos que o corpo consegue eliminar. Então surge uma situação "chamada em geral de auto-intoxicação, autotoxicose ácida, toxemia, auto-envenenamento ou qualquer outro nome que lhe dêem". Isto leva à redução das reservas alcalinas vitais do corpo, conduzindo por sua vez à perda da saúde. "A ciência médica não toma conhecimento deste acúmulo", escreveu o doutor Hay, "até o surgimento da doença, que é um estado patológico definido".

Explicou a seus pacientes que existem quatro causas básicas para o acúmulo de subprodutos ácidos da digestão: comer muita carne; consumo exagerado de carboidratos refinados (produtos de farinha branca, açúcar e carboidratos refinados de toda espécie); desrespeito às leis da química na medida em que estas se aplicam à digestão de alimentos; e prisão de ventre.

O doutor Hay também ensinou a seus pacientes que, embora muita gente, especialmente jovens, crie tolerância a misturas alimentares incompatíveis, da mesma forma como as pessoas criam tolerância a doses cada vez maiores de venenos, fazem-no pagando um preço alto e constante, em detrimento da vitalidade. Segundo sua advertência, essa tolerância induzida é antinatural, mas pode ser eliminada caso se adote o consumo de alimentos compatíveis por longo tempo. Então — afirmava o doutor Hay — "a pessoa já não poderá voltar à mistura de amidos e proteínas sem perceber imediatamente, pela reação de seu estômago, que cometeu um erro — um erro no qual certamente não reincidirá". Prometeu que duas semanas bastaria para convencer qualquer pessoa disto e que o prêmio do esforço seriam a vitalidade e a saúde grandemente aumentadas.

O doutor Hay sempre se lembrou de explicar a importância de outros auxiliares da saúde — ar puro, exercício, banhos diários, sol e repouso. Também não se esqueceu de ensinar a importância da saúde para o espírito humano: "Apenas quando o corpo e a mente se acham em harmonia pode haver uma chance para a evolução espiritual adequada; ninguém deve se esquecer de que o homem espiritual é o primeiro homem, o homem mental o segundo e o físico o terceiro homem; e de que apenas quando o segundo e terceiro homens se acham em harmonia pode haver um estado espiritual adequado".

**Descrédito**

O sistema Hay esteve sob uma série de críticas, embora qualquer um pudesse provar para si mesmo, com facilidade e rapidez, a verdade do conceito de incompatibilidade entre amiláceos e protídios.

As críticas mais ferrenhas partiram dos médicos colegas do doutor Hay. Isso ocorreu porque os ensinamentos sobre como evitar a doença ainda não eram do conhecimento destes médicos na época do doutor Hay, simplesmente porque todos os seus preceitos se voltavam (e ainda se voltam) para o *tratamento* e não para a *prevenção* da moléstia. Por isso os ensinamentos do doutor Hay foram tidos como cabais heresias e como tais foram naturalmente condenados.

À medida que mais se convencia de que suas descobertas eram verdadeiras, mais e mais os colegas se tornavam incrédulos. Por estranha ironia, enquanto ele constatava que o tratamento de doenças pelo seu sistema superava as melhores expectativas, reconduzindo à saúde normal um sem-número de pacientes que as maiores autoridades médicas consideravam casos perdidos, o doutor Hay era marginalizado, como se não passasse de um charlatão. Talvez sua frustração tenha sido enorme naquela época quando, munido não apenas de uma idéia inspiradora, mas também de provas da verdade que pregava, deparou-se com o branco muro do descrédito e da incompreensão.

Era mais que certo que a Medicina ainda não estava preparada para assumir os conceitos do doutor Hay. Na época, os médicos eram apóstolos ardorosos da "teoria das doenças causadas por germes". Eram também entusiastas de uma era de drogas maravilhosas que prometia "uma pílula para todas as doenças"; portanto, acreditavam que a terapia nutricional era totalmente dispensável. Os conceitos do doutor Hay foram rejeitados com sarcasmo. Ele era com freqüência submetido à veemente oposição da ortodoxia inabalável — até mesmo à calúnia, à difamação e a boatos maldosos. Mas era um homem de coragem, que nunca vacilava na defesa de suas opiniões na luta contra todo tipo de oposição, com argumentos lúcidos e ponderados, nunca perdendo o equilíbrio ou o marcante senso de humor. Este último atributo, aliado à sua grande atração pessoal, tornavam-no querido por seus pacientes e por todos os que tiveram oportunidade de assistir uma palestra sua.

É significativo notar que muitos médicos assistiram às suas palestras na Inglaterra e na Escócia, e que muitos depois falavam ao dr. Hay, dizendo-se de pleno acordo com tudo o que ele ensinava. Alguns admitiram que eram estudiosos do Sistema Hay e que também o empregavam no trabalho junto aos pacientes. Além do mais, muitos falavam de resultados que jamais poderiam ter sido alcançados de outra forma, exceto pela aplicação do sistema bem compreendido.

O doutor Hay faleceu em 1940 aos 74 anos de idade, um ano depois de sério acidente. Morreu triste, exatamente quando a consciência dos médicos começava a apreciar a importância da relação existente entre a nutrição e a saúde.

## Consagração

A grande mudança de atitude a respeito da nutrição, observada hoje em muitas das mais proeminentes autoridades da Medicina nos Estados Unidos e Inglaterra, demonstra que o doutor Hay era "um profeta situado na vanguarda de sua época". Apesar das maravilhas da medicina moderna, apesar das drogas maravilhosas e do custo astronômico de nossos serviços de saúde, a saúde das duas nações se deteriora e a doença ataca cada vez em menor tempo. Agora as autoridades médicas admitem francamente que a Medicina está no caminho errado e exortam à mudança de ênfase, da medicina que cura para a medicina que previne, a fim de lidar com as *causas* da doença e de não meramente tratar os *sintomas*. Como conseqüência, a nutrição é agora encarada como principal prioridade na medicina preventiva. Na verdade, nunca se voltou tanto a atenção para o estreito relacionamento da nutrição com a saúde e para os conceitos defendidos há sessenta anos pelo doutor William Howard Hay, talentoso cirurgião e clínico geral de destaque. Observem-se os seguintes dados e prodígios:

- Desde os anos 50, as pesquisas e obras de grande número de cientistas da Medicina sobre ecologia humana apresentaram provas da estreita relação dos carboidratos refinados e alimentos quimicamente adulterados com sintomas distintos como alergias, depressão, enxaqueca, fadiga, doenças da pele, esquizofrenia e comportamento agressivo incontrolável nas crianças. Principalmente as pesquisas do doutor Théron Randolph e doutor Ben Feingold, nos EUA, e do doutor Richard Mackarness, na Inglaterra, merecem destaque. Porém, eles travam a mesma luta inglória em prol do reconhecimento desses fatos pela medicina ortodoxa, a exemplo do ocorrido com o doutor Hay há cinqüenta anos atrás.

- Uma associação fundada em 1967, a McCarrison Society, cujos membros são médicos, cirurgiões, dentistas, cirurgiões veterinários e trabalhadores sanitários junto à comunidade, dedica-se a "promover a educação, iniciar, executar e patrocinar pesquisas sobre a relação que existe entre nutrição e saúde. . .". A Associação foi batizada em homenagem ao internacionalmente aclamado pioneiro britânico em nutrição, o falecido *sir* Robert McCarrison, cujo livro *Nutrition and Health* (McCarrison Society, 1982) é leitura obrigatória para toda pessoa atenta aos problemas de saúde. O doutor Hay afirmou que muito devia aos ensinamentos de McCarrison.

- Em 1968, a validade da teoria das doenças causadas por germes foi seriamente questionada pela primeira vez numa destacada publicação britânica de medicina. Em *The Lancet* de 18 de maio, o professor G. T. Stewart revelou a fragilidade da teoria num documento revolucionário: "Dogma questionado — Limitações da Teoria do Germe". Conforme a mensagem do professor Stewart, a aceitação da teoria do germe como causa principal das doenças infecciosas foi responsável pelo fato de a Medicina ortodoxa negligenciar causas mais ou igualmente importantes, como a genética e os efeitos metabólicos, o comportamento (o fumo etc.) e *certas deficiências nutricionais.*

- Nos anos 70, um livro marcou época: *The Saccharine Disease,* do capitão-cirurgião T. L. Cleave, que deu início à atual preocupação revolucionária dos médicos com os farelos e as "fibras", a nutrição e a medicina preventiva. O livro apontava o consumo de *carboidratos refinados* como a causa comum de muitas das atuais doenças degenerativas. Além do mais, tornou-se a maior obra de consulta para um número cada vez maior de médicos especialistas de todo o mundo, que acreditam — a exemplo do doutor Hay — que a dieta de nosso século XX é a responsável pelo grande número de doenças existentes na sociedade atual.

- Também nos anos 70, outro livro importante, *The Role of Medicine: Dream, Mirage or Nemesis,* do professor Thomas McKeown, continha a dura informação de que agora é preciso atentar mais para a nutrição e de que a mudança das condições que induzem à doença terá maior êxito do que qualquer intervenção do médico após o início da moléstia. Essa era também a mensagem do doutor Hay.

- Em 1972, o editor do *British Medical Journal* fez uma exortação: "Precisamos agora entender as relações mais sutis que existem entre a nutrição e a medicina, e perceber como a mudança dos hábitos alimentares e dos métodos de preparo dos alimentos pode afetar a saúde. *A educação médica precisa acompanhar o ritmo dos rápidos avanços nesta matéria*".

- Em 1977, esse mesmo editor escreveu: "O entusiasmo pelas fibras domina o mundo. Os publicações estão repletas deste assunto, a imprensa popular regala-se com ele e os médicos só não as receitam quando vão participar de conferências internacionais sobre o assunto... Ao 'descobrir' as fibras, o homem moderno desperta para o fato de que seu alimento é sistematicamente despojado das fibras na viagem que faz do campo de cultivo até a mercearia".

- Também em 1977, o editor de *The Lancet* declarava: "Há cerca de cinco anos as fibras dietéticas irromperam na consciência do mundo da Medicina depois de ficarem latentes num desvão de algumas mentes por décadas".

- Em 1981, a revista *Which?*, do público consumidor descobriu em suas pesquisas que um número cada vez maior de pessoas implora tratamentos sem drogas. (Isto, contudo, não basta: as pessoas também precisam querer *assumir a responsabilidade pela manutenção de sua boa forma.*)

- Em 1982, a 14 de dezembro durante o 150.º banquete anual da Associação Britânica de Medicina (ABM), o príncipe Charles afirmou, no discurso feito na condição de presidente, a respeito das drogas: "Conquanto muitas delas sejam maravilhosas, os médicos precisam destacar com maior ênfase que a saúde dos seres humanos é muitas vezes determinada pelo seu comportamento, sua alimentação e a natureza de seu meio ambiente".

- Em janeiro de 1983, um médico que escreveu em *Homeopathy Today* contou haver aconselhado seus pacientes a "não comer alimentos ricos em proteínas com alimentos ricos em carboidratos", destacando a importância de se manter harmônicos a mente, o corpo e o espírito.

- Também em 1983, outro fato notável: O potencial terapêutico da "Medicina paralela", agora elevada ao *status* de "Medicina Alternativa", estava sendo avaliado por uma nova comissão de pesquisas. O *Hospital Doctor* de 14 de abril informava que era preciso colocar a "Medicina Alternativa" sob "as luzes da ciência" por meio do Conselho de Pesquisas para Medicina Complementar, a cargo de especialistas tanto ortodoxos quanto não-convencionais. Este Conselho foi criado "por causa do interesse cada vez maior do público por acupuntura, homeopatia e herbalismo". Acredita-se que isso "contribuirá para fazer cessar a perda de confiança do público na medicina ortodoxa".

- Finalmente, em junho de 1983, o príncipe Charles fez esta exortação, no discurso em que entregava o cargo de presidente da Associação Britânica de Medicina: "Não superestimem a abordagem sofisticada que se dá à Medicina. Parece que é preciso levar em conta os métodos complementares da Medicina, às vezes negligenciados há muito tempo".

Parece que sua mensagem surtiu o efeito desejado. Numa quarta-feira, 17 de agosto de 1983, a imprensa inglesa noticiou que a ABM, num gesto revolucionário, estava iniciando pesquisa a respeito de todas as formas de medicina alternativa e que algumas delas poderiam estar brevemente disponíveis no Serviço de Saúde. John Illman escreveu no *Daily Mail*: "A decisão representa uma reviravolta notável na ABM, que durante anos resistiu ao que é considerado 'charlatanismo'... por trás do gesto da AMB percebe-se o crescente interesse, na Inglaterra, com relação às questões de saúde e às medidas preventivas contra as doenças".

No mesmo artigo, John Illman citou trecho de uma declaração do doutor Malcolm Carruthers, autor de *The Western Way of Death:* "Existe uma crise da confiança nas drogas. Nenhum sistema médico pode dar-se ao luxo de não levar em conta o desejo que o público tem de desempenhar um maior papel na determinação dos meios de seu próprio tratamento médico".

John Illman também citou o doutor Anthony Fry, médico consultor de medicina psicológica no *Guy's Hospital*: "Como profissionais, passamos muito tempo receitando *Valium* em vez de ensinar como os pacientes devem se descontrair. *Passamos um tempo enorme tratando sintomas em vez de causas.* (O grifo é de minha autoria, Doris Grant) *Foi o que afirmou o doutor William Howard Hay, antecipando-se sessenta anos à sua época, por meio de seus escritos".*

Que maior consagração poderia este profeta receber, além da decisão da Associação Britânica de Medicina de fazer pesquisa a respeito da medicina alternativa?

## Nova era de saúde

A julgar por estes "sinais e prodígios", pode parecer que a "nova era de saúde" tão cara ao doutor Hay de fato começou. Caso este livro contribua para essa era, ainda que de modo modesto, ajudando os leitores a conseguir mais saúde e felicidade, as autoras terão talvez reembolsado uma pequena parte do débito que têm para com o doutor Hay, por causa dos incontáveis benefícios recebidos de seus ensinamentos. O melhor é encerrar este capítulo com suas próprias palavras:

> "Viver realmente é ter sempre uma saúde exuberante, num estado em que nada ensombrece a pessoa, nada deixa de ter interesse e viver é a coisa mais formidável do mundo. Quando, desfrutando de esplêndida saúde, cada sorvo de ar está repleto de inspiração, tudo o que fazemos está repleto de interesse, existem tantas coisas a fazer, tanto a realizar, tantas perspectivas agradáveis na vida, que mesmo sendo pobres e anônimos desfrutamos da vida em sua plenitude, pois a vida é algo esplêndido quando estamos vivos de fato."

# 2

# O SISTEMA HAY EXPLICADO

*Nada é mais vigoroso do que uma idéia cuja hora já chegou.*

O Sistema Hay consiste em cinco normas importantes:

1. Amiláceos e açúcares não devem ser ingeridos com proteínas e frutas ácidas na mesma refeição.
2. Hortaliças, saladas e frutas devem constituir a maior parte da dieta.
3. Proteínas, amiláceos e gorduras devem ser ingeridos em pequenas quantidades.
4. Deve-se usar apenas cereais integrais e amiláceos não processados, e todos os alimentos processados e refinados devem ser proibidos — especialmente farinha branca, açúcar e todos os alimentos feitos com eles, além de gorduras muito processadas, como a margarina.
5. Convém deixar um intervalo de pelo menos quatro ou quatro horas e meia entre as refeições de itens diferentes.

A regra básica do Sistema Hay, ou seja, não misturar carboidratos (amiláceos e açúcares) com proteínas e frutas ácidas é em geral mal compreendida, conquanto se baseie em bem fundados princípios fisiológicos existentes há muito tempo e há muito esquecidos. Para que se entenda esta regra é pois necessário explicar a classificação dos carboidratos e proteínas no contexto das combinações alimentares compatíveis:

*As proteínas* estão contidas em alimentos protéicos como carne, peixe, queijo e carne de aves (20 por cento ou mais de proteína).

*Os carboidratos* são amiláceos concentrados existentes em produtos feculentos como cereais, pão, batatas (20 por cento ou mais de carboidratos) e açúcares.

A falta de compreensão desta classificação é o motivo principal pelo qual muitos pesquisadores descartam o conceito amido-proteína, considerando-o sem justificativa. O principal argumento apresentado para refutar este conceito é o de que a Natureza por si só combina proteínas e amiláceos na grande maioria dos alimentos; assim sendo, se é erro combinar estes elementos dessemelhantes na mesma refeição, então a própria Natureza está errada.

À primeira vista, este argumento pode parecer irrefutável, pois em geral se reconhece que a Natureza não comete equívocos.

Um reexame deste argumento revela um raciocínio vazio: a Natureza não combina em um só alimento *uma elevada concentração de proteínas* (como na carne) com *uma elevada concentração de amidos* (como nos cereais). Embora as carnes contenham carboidratos, estes se encontram na forma de glicogênio que exige pouca digestão (quando a exige), e portanto sua presença não interfere nas condições necessárias à digestão da proteína. Da mesma forma, embora os cereais contenham cerca de 10 por cento de proteína, isso é pouco, porque ela não se acha concentrada (ao contrário do que ocorre na carne); sua presença portanto, não interfere, nas condições necessárias à digestão dos amidos.

A não ser por uma única exceção (leguminosas secas como ervilhas, feijões, lentilhas e amendoim), a natureza combina amidos e proteínas nos alimentos sob uma forma e em proporções que as tornam perfeitamente digeríveis, fazendo-o de modo que o amido ou a proteína predominem. As leguminosas secas representam a "exceção que confirma a regra"; contêm proteínas e amidos em percentual muito elevado para serem compatíveis (mas se tornam compatíveis e altamente benéficas quando brotadas — ver

Parte Dois). Pessoas habituadas ao seu consumo costumeiro por um longo tempo podem criar tolerância a eles, da mesma forma como criam tolerância ao fumo. Mas quem não estiver habituado experimenta em geral desconforto — e protestos bem audíveis dos órgãos da digestão!

**O como e o porquê da digestão dos amidos e proteínas**

Proteínas exigem um meio ácido para sua digestão. Quando as proteínas animais penetram no estômago, estimulam a produção de ácido clorídrico que ativa uma enzima, a pepsina, que tem por função desdobrar e digerir as proteínas. Esta atividade do estômago só pode ocorrer num meio totalmente ácido; a presença de um alimento rico em amido ou açúcar, com os álcalis que o acompanham, interfere neste meio ácido ou o neutraliza, e as proteínas são então digeridas apenas em parte. As implicações desta digestão incompleta da proteína são mais sérias do que se suspeitava até agora. Isto é discutido no Capítulo Três, com relação à alergia.

Carboidratos (amidos e açúcares) exigem um meio alcalino para sua digestão. Esta começa na boca com a ação de uma enzima, a ptialina, que desdobra os amidos, reduzindo-os a formas menos complexas, antes de seu ingresso no intestino delgado, onde ocorrem maior redução e a *digestão principal.* Uma vez que todo o processo da digestão do amido depende de seu início adequado na boca, todos os alimentos amiláceos precisam ser muito bem mastigados, pois, de outra forma, o intestino delgado, embora tenha secreções alcalinas, não pode completar o que a ptialina começou na parte superior do trato digestivo.

O estômago atua como uma câmara de mistura na qual a saliva (e sua substância ativa, a ptialina) é incorporada totalmente aos amidos. Durante este percurso inicial no estômago, com duração de trinta a 45 minutos, a acidez normal do estômago basta para neutralizar ou interferir no meio alcalino necessário ao preparo dos amidos para sua digestão no intestino. Todavia, a presença de carne ou de outros alimentos que induzem à acidez, ou frutas ácidas, inibe esta preparação, donde o prosseguimento da fermentação; o processo de desdobramento dos amidos só pode ocorrer num meio de alcalinidade positiva.

Quando perguntaram ao doutor Hay sobre a base científica da teoria segundo a qual os amidos e açúcares não devem ser ingeridos com proteínas e frutas ácidas na mesma refeição, ele respondeu:

> "Se os amidos são ingeridos em combinação com frutas ácidas, e se o conteúdo do estômago for examinado a intervalos durante a refeição, poder-se-á observar que a ação da ptialina cessou e que os amidos não estão sendo desdobrados, dando a intensa reação azul do iodeto de amido quando o iodeto é aplicado ao quimo retirado do estômago. Pode-se aplicar o mesmo teste com uma combinação de amidos e proteínas: porções do quimo extraídas a intervalos durante nossa digestão sempre revelarão a inibição da digestão por ptialina, o que significa dizer que os amidos não desdobrados nunca sofrerão desdobramento adequado."

Ensinou-se durante muitos anos que os maiores níveis de acidez ocorrem com o estômago em estado de repouso. Esta crença foi responsável pelo conselho, dado ano após ano (e ainda é dado a quem sofre de úlcera), para que "evitem deixar o estômago vazio". Mas muitas autoridades médicas discordam desta crença (agora questionada em certos círculos da Medicina), e entre elas figura o fisiologista A. H. James. Em *Physiology of Gastric Digestion* (Arnold, Londres, 1957), ele declara: "Os maiores índices de acidez são alcançados *durante a digestão do alimento e não quando o estômago está vazio*".

Este fato sustenta a afirmação do doutor Hay de que, se nenhuma proteína acompanhar um amido que penetre num estômago em estado de repouso, o nível de ácido clorídrico é a *princípio* insuficiente para neutralizar totalmente ou suplantar a alcalinidade da saliva presente.

Em 1936, o trabalho de três pesquisadores da Filadélfia forneceu interessantes confirmações de laboratório sobre o conceito amido-proteína. Em *Man Alive, You're Half Dead!* (Bartholomew House Inc., 1956), o doutor Daniel Munro fornece o relato de um estudo de cinco pacientes por estes três pesquisadores, mostrando o grau de acidez no estômago após refeições de proteínas, após refeições de amiláceos e após refeições em que proteínas e amidos se combinavam. O estudo revelou que, 75 minutos após a ingestão destas refeições, o conteúdo do estômago era muito ácido após a refeição rica em proteína, menos ácido após a refeição rica em amidos e apresentava um estado intermediário entre a acidez e a alcalinidade após a refeição em que amidos e proteínas se misturavam. Além do mais, quando a refeição mista era ingerida, ficava evidente que a proteína era digerida com dificuldade porque a acidez presente estava abaixo do exigido pela refeição totalmente protéica e ficava a menos de um terço por causa da presença dos amidos e dos álcalis que acompanhavam os alimentos.

A pesquisa revela claramente que, quando altas concentrações de amidos e de proteínas são misturadas numa mesma refeição, a acidez é excessiva, a ponto de não permitir a continuidade da redução da parte amilácea por meio da alcalinidade, embora fique abaixo do exigido para dar início à digestão da parte protéica por meio de ácidos.

Todavia, ensina-se em geral que, quando ingerimos alimentos *de qualquer espécie* (como proteínas e amidos), produzimos sucos gástricos que contêm ácido clorídrico. A explicação é simples: o ácido clorídrico é estimulado na medida exata do volume de proteínas presentes para a tarefa da digestão. Isto foi demonstrado por Pavlov em clássicas observações de cães, em *The Work of the Digestive Glands* (Charles Griffin & Co. Ltd, 1910).

Conforme explicado, a proteína encontrada em amidos como os cereais está presente em baixos níveis (em torno de 10 por cento) e é incompleta, donde não estimular a secreção de ácido clorídrico em quantidade capaz de interferir *durante os primeiros trinta ou 45 minutos* no meio alcalino necessário à digestão dos amidos. Neste período, a saliva — que tem um pH(*) de 6,6, contra o pH 0,9 do suco gástrico puro — age como anteparo natural do ácido gástrico.

Alguns fisiólogos e médicos discordam da explicação dada pelo doutor Hay sobre a teoria do amido-proteína e afirmam que o ácido gástrico é *necessário* para o desdobramento dos amidos; que o amido está muitas vezes contido em "envoltórios" protéicos que exigem ácido para a digestão, a fim de que o amido se libere. Esta afirmação é sem dúvida correta. Mas não altera o fato de que os amidos têm uma digestão preliminar no meio alcalino que se contrapõe ao ácido gástrico durante os primeiros trinta ou 45 minutos no estômago. Portanto, existe tempo de sobra para o ácido gástrico atuar nos amidos durante as outras três horas ou mais em que eles ficam no estômago antes de penetrarem no intestino delgado. É claro que no intestino o suco pancreático completa a digestão dos carboidratos (amidos, dextrina etc.) e também da proteína, num meio predominantemente alcalino.

Contudo, não importa saber se a explicação dada pelo doutor Hay a esta teoria é certa ou errada. Permanece inquestionável o fato de que esta teoria funciona com toda a certeza. Conforme ele frisou, qualquer professor de Medicina que admita nunca tê-la submetido a uma prova honesta não tem o direito de fazer afirmação do contrário.

**A importância do equilíbrio químico**

Para que a saúde seja perfeita e o corpo aumente a resistência a doenças a dieta deveria consistir de alimentos que causam alcalinidade e de alimentos que causem acidez, na proporção aproximada de quatro por um, os quais, quando metabolizados, iriam criar uma proporção idêntica no corpo.

Quando perguntaram ao doutor Hay qual a base científica desta proporção, ele respondeu: "Não temos meios de chegar à proporção relativa de elementos alcalinos e ácidos de que o corpo necessita, exceto através de uma análise de suas secreções. Quando levamos em conta todas as secreções das quatro vias de eliminação, constatamos que a perda de álcalis é o quádruplo da perda de ácidos. Isto quer dizer, que, se formos repor todas as nossas perdas, precisamos de quatro partes de alimentos geradores de alcalinidade e de uma parte de alimentos ácidos. Este é um fato do inteiro conhecimento dos fisiólogos e pode ser verificado em quase todas as obras sobre fisiologia".

Quanto ao equilíbrio químico do corpo humano, o doutor Hay escreveu: "Pode parecer estranho que a ligeira diferença entre um pH 7,1 e 7,6 reflita a grande diferença existente entre uma acidose e uma alcalose. Mas isto é verdade; e mesmo esta ligeira variação define toda a diferença que existe entre a variedade mais caótica e a outra, de alta eficiência". A julgar pela média das variações de seus pacientes que haviam conservado suas reservas alcalinas por vários anos através da observação da proporção conveniente entre alimentos formadores de alcalinidade e alimentos formadores de acidez, a alcalinidade "normal" — ao contrário da alcalinidade "média" — não deve ficar muito abaixo do pH 7,5. Sob o ponto-de-vista das *médias* isto é considerado alcalose, e no entanto, quando a alcalinidade do sangue é suficientemente elevada para registrar pH 7,5 "existe uma atividade funcional extremamente alta, com a correspondente sensação de saúde, atividade mental e eficiência física".

Uma contribuição interessante e importante a este assunto da alcalinidade foi fornecida pelo doutor Dudley d'Auvergne Wright em *Foods for Health and Healing* (Health Science Press, Sussex). Ele destaca que "a alcalinidade normal dos fluidos sangüíneos é o aspecto mais favorável para a atuação das vitaminas".

Não é difícil estabelecer distinção entre alimentos geradores de alcalinidade e alimentos geradores de acidez:

*Alimentos que causam alcalinidade* são todas as hortaliças (inclusive batatas, se cozidas com casca e se esta for ingerida); todas as saladas; todas as frutas frescas (exceto ameixa e exicoco); amêndoas; leite.

*Alimentos que causam acidez* compreendem todas as proteínas de origem animal, como carne bovina, peixe, marisco, ovos, queijo, carne de aves; castanhas (exceto amêndoas); todos os alimentos amiláceos, como os cereais, pão e farinha, e outros alimentos feitos de amidos ou polvilhos de cereais; açúcares.

A lista completa dos dois tipos de alimentos encontra-se no Apêndice.

Deve-se destacar a esta altura que certas pessoas algumas vezes se confundem a respeito da classificação de frutas "ácidas" (toranja, laranja, limão, bagas) quando lêem que elas "formam alcalinidade". Deve-se portanto deixar claro que esta classificação nada tem a ver com o sabor "ácido" da fruta, mas com o seu *produto final* no organismo. Além do mais, as frutas ácidas são os alimentos que fazem o depósito de cinzas de maior alcalinidade, dentre todos os alimentos. É interessante notar que os ácidos destas frutas saem do corpo uma hora, ou algo assim, após serem consumidas. Fazem-no principalmente através dos pulmões, mas também através da pele, vias urinárias e intestinos. Quando os álcalis são liberados de sua combinação com os ácidos, dão valiosa contribuição às reservas alcalinas do corpo. Só se pode dizer que as frutas ácidas "geram acidez" quando as combinamos erroneamente com amidos na mesma refeição, situação em que podem causar a desconfortável sensação de que se está "empanturrado", quando não causam dores. Então a vítima da mistura conclui que não se dá bem com frutas ácidas!

A fim de se conseguir a aproximação ideal de quatro por um entre alimentos alcalinos e ácidos, as refeições do dia devem incluir uma refeição protéica apenas, uma refeição de amiláceos somente e uma refeição totalmente alcalina, podendo-se ocasionalmente consumir duas ou até três refeições com alimentos geradores apenas de alcalinidade. De vez em quando pode-se instituir o "dia da saúde", no qual se ingerem refeições freqüentes de apenas *uma espécie de fruta.* É o que os alemães chamam de *gesundheitstag.* Isto traz grandes benefícios; porém crianças pequenas e pessoas que desenvolvem trabalho manual intenso devem ter refeições extras de amiláceos. A parte dois explica como planejar estas refeições.

*Uma palavra de advertência torna-se necessária.* Optar pela mudança de velhos hábitos alimentares adotados pela maioria exige a princípio certa dose de autodisciplina. Por este motivo, não se recomenda a adoção da compatibilidade alimentar a pessoas que estejam plenamente satisfeitas com seu estado de saúde ou que podem consumir misturas incompatíveis sem experimentar desconforto ou algum tipo de transtorno evidente. O doutor Hay advertiu que tais pessoas não têm o necessário "desejo ardente" de se recuperar de algum distúrbio de saúde ou a força de vontade, tenacidade e determinação para entender bem as coisas. Por isso ele aconselhou: toda mudança na dieta deve ser feita paulatinamente, pouco a pouco. Basta, para começar — disse — apenas observar a regra amido-proteína. Quando tal mudança estiver bem consolidada, então os alimentos integrais naturais — especialmente os crus, sob a forma de salada — devem entrar em maior proporção, gradualmente, com a conseqüente redução também gradual de qualquer carboidrato refinado e outros alimentos processados.

Então deve-se aumentar o número de alimentos geradores de alcalinidade. Especialmente recomendadas para os iniciantes são as refeições de hortaliças ou saladas que contenham deliciosos pratos de batatas; além de serem menos caros, também satisfazem mais nos climas frios, ao contrário de alimentos compostos apenas de hortaliças, saladas ou frutas.

Deve-se destacar que a alimentação compatível pode ser tão barata — ou tão onerosa — quanto o aconselhado pelo orçamento familiar. E é definitivamente mais econômica, pois pequenas refeições corretamente combinadas são mais bem digeridas e assim satisfazem mais que as grandes refeições convencionais; não é *a quantidade* de alimento que conta e sim *a quantidade corretamente digerida, absorvida e metabolizada pelo corpo.* Prova disto é que os adeptos do Sistema Hay notam que diminui o desejo de comer lanche pelo meio da manhã ou de tomar chá à tarde com bolos e biscoitos. Nestes dias em que os preços dos gêneros alimentícios têm alta vertical, *a maior nutrição com menos alimento merece ser muito levada em consideração.*

É importante observar que a adoção das normas da alimentação compatível reduz em muito o volume de carnes da dieta, especialmente as gorduras existentes necessariamente em tantos alimentos processados que os supermercados vendem — e esta redução ocorre, embora se continue usando na cozinha o creme que eleva a compatibilidade alimentar ao mais alto e delicioso grau de prazer. Usado com parcimônia, o creme é quase uma necessidade para este tipo de alimentação. Quanto à saúde, não é necessário preocupar-se com o assunto, conforme explicado no Capítulo Quatro. Quanto ao preço, o gasto maior com a compra do creme é contrabalançado pela redução dos custos, resultante da combinação alimentar que exclui alimentos, processados, "instantâneos" e caros, além de baixar a conta do açougue. Exceto pela regra amido-proteína, o Sistema Hay enquadra-se totalmente nas recentes recomendações do Real Colégio de Medicina a respeito da dieta saudável.

É ainda mais importante notar que a obediência às regras da alimentação compatível *reduz automaticamente* os alimentos formadores de acidez na dieta e *aumenta automaticamente* o número dos alimentos causadores de alcalinidade, ricos em fatores alimentares acessórios e assim capazes de contribuir para as reservas alcalinas e para o melhor equilíbrio da química do organismo. Neste equilíbrio químico correto assenta-se o segredo da saúde e da resistência às doenças.

Uma analogia interessante é fornecida pelo fato de que o correto equilíbrio ácido-alcalino tem também importância no solo. No *Soil Association Journal* de dezembro de 1973, Michael Blake chama a atenção para este fato e destaca que o efeito do desequilíbrio não se restringe ao solo, sendo de "importância universal para todos os organismos vivos".

Finalmente, convém repetir que o Sistema Hay não é uma "dieta" melancólica e maçante, mas "uma filosofia de vida". Uma nova crente, Joan Hodgson, concorda plenamente. Em *A White Eagle Lodge Book of Health and Healing* (The White Eagle Publishing Trust, 1983) escreve: "A combinação harmoniosa dos alimentos é um estilo de vida. Uma vez que as normas se tornem bem conhecidas, livros criativos podem nos deleitar, sugerindo os pratos mais deliciosos. Não se trata de um regime de autoprivação constante, mas de um reexame das refeições, de tal modo que cada um se baseie nas predileções da família quanto a alimentos que se combinem, de forma a fornecer mais nutrição com menos ônus para a digestão e, conseqüentemente, com mais energia para se desfrutar a vida".

Cinqüenta anos de "vida bem desfrutada" por causa do Sistema Hay e a experiência adquirida na ajuda a um número incontável de pessoas para que recuperassem a saúde por si mesmas convenceram-me de que nosso estado normal é a saúde; que fomos destinados, gerados e nascidos para ser saudáveis. Esta experiência também forneceu plenas provas de que a alimentação correta não apenas pode melhorar muito a qualidade da vida, como também pode evitar muitas das doenças degenerativas.

---

* pH: Potencial de Hidrogênio, escala comparativa da acidez e alcalinidade da saliva, sangue, sucos gástricos, alimentos, terra e fertilizantes. Quanto menor o número da escala, maior a acidez, e vice-versa. O ponto neutro se situa em 7. (N. do T.)

# 3

# O SISTEMA HAY E AS DOENÇAS DEGENERATIVAS

*"A esperança da humanidade assenta-se na prevenção das doenças degenerativas e das doenças mentais; não no tratamento de seus sintomas."*

Dr. Alexis Carrel

Existe hoje a crença generalizada de que as pessoas vivem mais do que antigamente. Embora um número maior de crianças sobreviva e chegue à vida adulta, as pessoas de meia idade melhoraram apenas um pouco os índices de expectativa de vida, se comparadas a seus bisavós. Eis a verdade desagradável: em vez de vivermos mais, chegando a uma velhice sadia e desfrutável, limitamo-nos a demorar mais tempo para morrer.

Além do mais, a cada geração aumenta o número de doenças degenerativas comuns, e estas hoje aparecem mais cedo do que em outros tempos. Todas as "novas descobertas fabulosas" no campo dos medicamentos foram incapazes de barrar este crescimento. A crença no poder curativo das drogas contribuiu para isso, ao desviar a atenção desta verdade: é preciso aumentar a saúde.

Como conseqüência, os que receitam drogas e os que tomam drogas, desiludidos, agora revelam um interesse salutar na doutrina do "totalismo" — a que trata a pessoa como um todo, e não apenas os sintomas da doença. Isto se enquadra inteiramente nos princípios de bom-senso do doutor Hay, que demonstram hoje sua validade mais do que nunca. Ele preconizava o tratamento do paciente em si — não dos sintomas — e argumentava que era uma grande infantilidade supor que podemos restaurar a saúde integral de alguém sem primeiro erradicar a causa de sua doença; algo tão inútil quanto retirar a água de um barco com vazamento sem antes descobrir o furo e tampá-lo.

O doutor Hay também dizia que em qualquer situação essa causa não passa de uma só coisa: *o alimento* (o abuso de carboidratos e as combinações incompatíveis), assinalando que as doenças degenerativas são meras manifestações diferentes dessa causa única. No seu entender, a cura "baseia-se, portanto, apenas no alimento".

A *concepção unitária da doença* tem estreita semelhança com a defendida pelo capitão-cirurgião Cleave em *The Saccharine Disease* (exceto quanto às combinações incompatíveis, teoria da qual discordava). Ele também aponta o *alimento* (consumo excessivo de carboidratos refinados) como causa de doença e é também ele quem ressalta que as doenças degenerativas não passam de manifestações distintas dessa causa única. Tal conceito, conhecido como "doença sacarina" (ou seja, relativa ao açúcar), é agora aceita, ainda que com relutância, pela classe médica, e acolhida com entusiasmo por um número cada vez maior de médicos aqui e no exterior.

Entre essas manifestações o doutor Cleave cita *prisão de ventre,* com suas complicações (varizes e hemorróidas), *obesidade, diabete, doenças da pele, cárie dentária* e *doença periodontal; infecções do trato urinário* (cistite, de que muitas mulheres sofrem hoje em dia) e *doença das coronárias.* O doutor Hay lidou com a maioria destas manifestações e também com outras, mas em nenhuma parte de seus trabalhos encontrei qualquer referência à doença das coronárias do coração (DCC).

Este fato é muito significativo. Confirma a afirmação do doutor Cleaves de que "demanda *tempo* para o consumo de carboidratos refinados causar as várias manifestações da doença sacarina", e de que estas manifestações têm "períodos de incubação" distintos em cada caso. No caso da diabete, por exemplo, o período de incubação pode ser de vinte anos, mas, no caso da DCC, é de trinta anos.

Uma vez que a DCC era doença rara entre 1900 e 1930, quando o doutor Hay exercia a Medicina, não é de surpreender que nunca tenha lidado com ela. Ainda era doença rara nos anos 20. Foi só daí a trinta anos, na década de 50, que a DCC começou a se tornar doença epidêmica, *simultaneamente ao aumento maciço do consumo de açúcar refinado.*

A incidência da DCC na Inglaterra é agora uma das maiores do mundo e mata 170 mil pessoas por ano — uma a cada três minutos —, *sendo que cerca de 5 mil delas morrem antes dos 50 anos.*

Os médicos admitem que ainda não se conhece com toda a certeza as causas da DCC e que ignoram suas exigências dietéticas. Mas, durante uma série de programas denominados "Flagelo do Coração", pela televisão BBC, em junho de 1983, uma nova atitude para se evitar a doença foi preconizada por um eminente epidemiologista, o professor Geoffrey Rose: a instauração de *"um estilo de vida mais saudável para toda a população".*

O doutor Hay preconizou essa mesma atitude — não para a DCC, praticamente inexistente em sua época, mas para o tratamento e prevenção de *todas* as doenças degenerativas. Conquanto hoje esteja sendo levado a efeito um grande número de "curas" baseadas na nutrição, convém dizer categoricamente que o Sistema Hay é o que mais se aproxima da plena compreensão das causas, tratamento e prevenção das doenças, quando comparado com outro sistema, segundo ficará confirmado pelas seguintes explanações a respeito dessas doenças degenerativas:

**Prisão de ventre** (simples)

Cinqüenta anos atrás, William Howard Hay citou a prisão de ventre como uma das causas principais da formação de acidez no sistema orgânico e advertiu que ela, durando muito tempo, pode ser causa de muitas doenças degenerativas. As descobertas atuais da Medicina confirmaram sua advertência e também revelaram que a prisão de ventre é, com certeza quase absoluta, fator que contribui para o elevado índice de câncer intestinal nos países desenvolvidos.

O doutor Hay também citou como fontes de formação de acidez as combinações alimentares incompatíveis e os carboidratos refinados, pobres em fibras. Estas duas fontes contribuem diretamente para a prisão de ventre. Uma prova cabal de que assim é, foi fornecida em um documento intitulado "Dispepsia Amilácea" (indigestão causada por amidos), publicado em 1931 em *The Liverpool Medico-Chirurgical Journal*. Seu autor, o doutor Lionel J. Picton, era o chefe da equipe que redigiu o famoso *Cheshire Medical Testament*, editado em 1938 e no qual 31 médicos de família declararam que *a prevenção da doença depende da alimentação correta.*

Naquele documento o doutor Picton chamou a atenção para uma bem conhecida experiência de laboratório feita em cães pelo famoso cientista russo Pavlov. Com base nessa experiência, segundo o doutor Picton, Pavlov extraiu os seguintes dados: carne moída para alimentar um cão é digerida em quatro horas, o amido atravessa o estômago do cão em tempo muito menor, em noventa minutos ou menos, ao passo que o pão branco faz o trajeto mais lentamente que o pão preto. *Mas, quando a carne foi misturada ao amido, ocorreu um atraso invariável e grande.* Em vez das quatro horas e meia para o trânsito da carne, foram necessárias oito horas ou mais para a mistura de carne e amido sair do estômago.

O doutor Picton ponderou que este atraso a meio do trajeto tendia para o retardamento ao longo de todo o percurso. Destacou: "Daí se tira uma conclusão deveras surpreendente, a de que alimentos de propriedades distintas como a carne e o pão propiciam a prisão de ventre, ao passo que carne e salada numa só refeição e alimentos amiláceis como pão e manteiga em outra refeição não trazem tal efeito".

O documento do doutor Picton forneceu importante confirmação da verdade quanto ao conceito amido-proteína e quanto à estreita relação entre as misturas alimentares incompatíveis e a prisão de ventre. Os casos clínicos por ele relatados comprovaram o conceito.

O primeiro passo no tratamento da prisão de ventre é o mesmo recomendado pelo doutor Hay para todas as doenças: *a remoção da causa* — carboidratos (especialmente os refinados) com muita carne, que gera acidez; insuficiência de vegetais, saladas e frutas, que geram alcalinidade; e *misturas alimentares incompatíveis.* A Parte Dois fornece instruções para a "remoção da causa"; não são difíceis de seguir e de imediato mostrarão que *simplificam* o planejamento alimentar, reduzem o cozimento e os custos daí decorrentes.

Por mais corretas que sejam as combinações alimentares, convém aumentar sempre o volume de fibras na dieta, pela ingestão diária de farelo de trigo não processado. Ele precisa ser ingerido a princípio em pequenas doses (colherinhas) diluídas em água antes das refeições e ser gradualmente aumentado para atender às necessidades de cada um. O renomado cirurgião londrino Neil S. Painter avisa: "Você só está consumindo farelo em quantidade suficiente quando elimina as fezes suavemente, sem esforço. Uma vez descoberta a quantidade certa, adote-a pelo resto da vida". Pesquisas recentes revelam que nos países de cultura ocidental as fezes são secas e viscosas, ao contrário do que ocorre nas populações rurais da África e Ásia, que se alimentam de produtos não refinados. Observa-se ainda que o tempo de percurso intestinal (o tempo de que o alimento precisa para percorrer os intestinos) pode ser de cinco dias em vez de 24 horas. Portanto, muita gente que pensa que não sofre de prisão de ventre pode estar dela sofrendo muito, apesar de *eliminar fezes uma vez por dia.* Por este motivo, e a fim de acelerar a recuperação de uma pessoa doente, o doutor Hay sugeriu aplicar um enema de dois litros de água pura e fria, mas só com instrução de um profissional.

**Indigestão**

(Tipo-padrão: dores na área superior do abdômen, azia às vezes acompanhada de regurgitamento ácido).

Eis um mal que muita gente aceita como fato consumado e como parte de suas vidas. É com maior freqüência causado por traiçoeiras misturas alimentares e regride com rapidez surpreendente quando se adotam os alimentos compatíveis. Salvei muita gente das dores de indigestão vespertina resultantes de sanduíches de pão e queijo ou pão com carne no almoço. As pessoas se declararam maravilhadas com a paz e tranqüilidade abdominais que passaram a sentir!

O doutor Cleave pondera que a causa principal da indigestão é o refinamento dos carboidratos alimentares. O refino despoja-os da proteína, daí resultando grande secreção gástrica que não encontra proteína suficiente para neutralizá-la.* Todavia, é difícil combinar este argumento com o fato de que, apesar de consumir carboidratos alimentares refinados (pão branco e açúcar) durante todo o primeiro ano de meu tratamento com itens compatíveis, logo na primeira semana fiquei livre da indigestão de que sofria havia quinze anos.

Também o doutor Hay estava convencido de que em muitos — talvez na maioria — dos casos de indigestão, a causa era os carboidratos, mas por razões distintas. O doutor Lionel Picton estava igualmente convencido disso. No documento que citamos antes, ele diz que esta prova de suas convicções era "principalmente clínica", por ter descoberto que a redução dos alimentos amiláceos refinados aliviava os sintomas dos pacientes. Para a "dispepsia incipiente" o doutor Picton recomendava "uma dieta em que mais hortaliças e carne grelhada deviam substituir alguns dos maus alimentos dos tempos modernos, e principalmente uma dieta em que os alimentos amiláceos deviam ser isolados da carne ao máximo e tomados em refeições distintas" — uma "dieta" de pleno acordo com os preceitos do doutor Hay.

O naturopata Harry Benjamin é outro que acredita que as combinações de alimentos amiláceos e protéicos podem causar distúrbios digestivos. Em *Your Diet in Health and Disease* (Thorsons, 1974), ele recomenda não consumir pão e batatas com carne.

O doutor Hay advertia que tomar antiácidos, como "cura" da indigestão, não é a solução, pois eles podem passar a integrar o problema, induzindo um estado mais grave. Hoje os médicos advertem que os antiácidos podem consumir certas vitaminas indispensáveis ao funcionamento correto do organismo. Além do mais, experiências feitas na Universidade Cornell, nos EUA, revelaram que administrar carbonato de sódio e leite causa um certo tipo de cálculos renais em animais de laboratório. Antiácidos são meros paliativos que lidam com *o sintoma, não com a causa.* A refeição compatível é o melhor tratamento da indigestão.

---

* *Peptic Ulcer* (John Wright & Sons Ltd., Bristol, 1962) Capítulo 4.

**Artrite**

A causa e cura da artrite, seja a reumatóide ou a osteoartrite, desconcertam os médicos. Eles o admitem francamente. Receitam remédios antiinflamatórios e anestésicos, dizendo a seus pacientes que estes precisam aprender a conviver com a doença. Todavia, os efeitos colaterais dos anestésicos podem ser sérios, até mesmo letais, a exemplo do que ocorre com os efeitos desta nova "droga-maravilha" para a artrite, *Opren* — agora retirada do mercado, depois de se comprovar seus trágicos efeitos. "Por enquanto nenhuma droga curou, ou curará, um verdadeiro caso de artrite", escreveu o doutor Hay.

Muitas causas contribuem para a artrite, como ferimentos, excessos físicos, reações alérgicas, infecções, glândulas supra-renais esgotadas por excesso de tensão, insuficiência de vitamina D etc. O resultado final da grande maioria das causas subjacentes cria um denominador comum: desequilíbrio da química orgânica. A causa principal é, portanto, o acúmulo de subprodutos ácidos da digestão, o que resulta na queda da reserva dos sais alcalinos, os anteparos da acidez. O doutor Hay destacou que "a função de cada órgão e tecido depende da altura, largura e profundidade da reserva alcalina; e, quanto mais baixo esta for, menor é a função. . .".

O meio lógico de tratamento é, portanto, o nutricional, voltado contra o desequilíbrio da química do corpo *e não contra as articulações,* ao contrário dos tratamentos quimioterápicos e cirúrgicos hoje em voga. Estes não passam de paliativos que, mais uma vez, lidam com os sintomas em vez de atacarem as causas.

O doutor James Lambert Mount é autor de *Food and Health of Western Man* (Charles Knight & Co. Ltd., 1975) e um dos fundadores da McCarrison Society. Em comunicado pessoal, ele descreveu como obteve êxito fazendo uma abordagem nutricional ao tratar de uma centena de pacientes voluntários que sofriam de artrite e que participaram de uma experiência na Nova Zelândia. Eles foram submetidos a uma dieta destinada a *alterar o estado do corpo da acidez para a alcalinidade,* suprimindo a carne, farinha e açúcar e se concentrando em saladas, frutas e vísceras. O êxito foi de cerca de 80 por cento, variando desde a melhoria considerável da artrite até a cura completa.

De todas as doenças crônicas, a artrite é a considerada menos dócil ao tratamento. Mas o doutor Hay afirma que a artrite reage bem ao tratamento nutricional, tanto quanto outras doenças degenerativas. Vinte e oito anos de experiências credenciaram-no a escrever com muita certeza — e de modo reconfortante — sobre a cura final da artrite:

> "Na maioria dos casos a artrite é curável, e para sempre, se esta doença não evoluiu de modo a atingir um grau em que destrói definitivamente as funções da articulação afetada, conforme ocorre na ancilose. Enquanto uma junta tiver capacidade de movimento, o caso não estará perdido de modo algum. Não desanime se a dor parece inibir totalmente o movimento, se ao mesmo tempo for possível mover passivamente a articulação até certo ponto."

Todavia, ele advertiu que os depósitos formados fora da circulação sangüínea, como os existentes nos tecidos à volta das articulações podem demorar anos para ser totalmente absorvidos ou talvez mesmo nunca sejam absorvidos por completo, embora se consiga mover e utilizar as juntas sem dor. Mas ele afirmou que mesmo os pacientes de artrite aguda, em que cada articulação do corpo é afetada pela dor e pela imobilidade, recuperam-se uniformemente quando o corpo fica livre do excesso de subprodutos e se corrige a alimentação.

Disse que nenhuma dieta específica é necessária ou sequer aconselhável para a artrite, mas que é essencial tornar a alimentação principalmente alcalina ou alcalinizante (com hortaliças, saladas, frutas) durante o resto da vida; que é preciso restaurar o cólon e preservá-lo. É essencial que a dieta contenha alimentos frescos de boa constituição, alimentos integrais e, *em sua grande maioria, crus.* É interessante lembrar que em 1936, no Royal Free Hospital de Londres, uma dieta experimental com alimentos crus foi aplicada com êxito pela doutora Dorothy C. Hare em pacientes artríticos. No relatório que fez de sua experiência, a doutora Hare destacou o fato de que o estado bruto do alimento pareceu um fator relevante dos resultados obtidos.

O doutor Hay advertiu que amidos e açúcares, os carboidratos concentrados, são a principal causa alimentar da artrite, não por serem intrinsecamente causadores do mal e sim, porque são em geral consumidos em combinação com alimentos incompatíveis, que dificultam sua digestão conveniente, daí resultando a fermentação.

*A supressão dos amidos e do açúcar da dieta tem por isso suma importância.* Na opinião de algumas autoridades médicas atuais, a maioria dos artríticos têm dificuldades na assimilação dos carboidratos, daí advindo a indigestão. (Uma vez mais, o amido é o vilão da história; até mesmo o valioso cereal integral pode sê-lo, se não combinado corretamente com outros alimentos.) Com base em experiências minhas, de amigos e de pessoas que me escrevem, afirmo que a indigestão precede e acompanha, com freqüência, a artrite. Quer dizer que os dois estados devem-se à mesma causa: misturas alimentares incompatíveis e baixa reserva alcalina. Isso ressalta o grande valor da alimentação compatível que reduz automaticamente a quantidade de amidos ingeridos e garante sua combinação compatível com outros alimentos.

Muitos dos pacientes do doutor Hay tiveram recuperação completa, fazendo apenas uma alteração em sua dieta: a rigorosa separação de pratos incompatíveis. Foi o que aconteceu no meu caso. Mas fazer esta separação rigorosa e ao mesmo tempo fazer com que a dieta seja 80 por cento alcalinizante é mais eficaz, mais rápido e contribui para corrigir o equilíbrio químico. O doutor Hay afirmou que a artrite é apenas um estado nutricional, conseqüência de desequilíbrio da química orgânica. Descobriu tal evidência ao observar muitos casos. Também descobriu a evidência de que "a exposição a condições climáticas e a condições de trabalho adversas nada têm a ver com a artrite, exceto de modo secundário".

Para ajudar a restaurar o equilíbrio químico e ampliar a sutil reserva alcalina na corrente sangüínea, o doutor Hay recomendava especialmente boas doses de frutas ácidas como laranja, toranja e limão (conquanto tão caro, o suco de um limão num copo d'água ao despertar traz grandes benefícios), pois o teor de sais alcalinos nessas frutas ácidas, nos limões principalmente, é bem alto. Infelizmente muitos artríticos cometem o erro de evitar todas as "frutas ácidas", na suposição de que assim melhoram seu estado, embora estejam meramente agravando uma carência vitamínica já existente. Uma vez que parece ser grande a confusão a respeito da expressão "frutas ácidas", aconselhamos o leitor a consultar de novo sua classificação no Capítulo Dois.

O doutor Hay também recomendava:

- Suco de aipo, que já demonstrou sua grande valia na dissolução e remoção de depósitos ácidos acumulados durante anos nas cartilagens das articulações dos artríticos. Em *The Home Herbal* (Pan Paperback), Barbara Griggs recomenda sementes de aipo para artrite e reumatismo por causa de seu "elevado valor alcalinizante, que ajuda a contrabalançar a formação de ácido no sangue e a removê-lo do sistema". As vítimas de artrite constatarão que as suas outras recomendações também são valiosas.

- Germe de trigo, farelo, *kelp* (alga marinha obtida em tabletes nas lojas de alimentos naturais) e *óleo de fígado de bacalhau.* O doutor Hay afirmava que estes suplementos alimentares também trazem muitos benefícios a *todos* cuja saúde desviou-se do curso normal.

- *Exercícios moderados, repouso* e *luz solar.* Pesquisa feita pelo doutor John Ott, pioneiro da filmagem em câmara acelerada, confirmou os grandes benefícios que a luz natural traz à artrite. Em *Health and Light* (The Devin Adair Co., Connecticut, EUA), tirou a prova com sua própria artrite: passar a maior parte do tempo possível ao ar livre, caminhando ou cuidando do jardim, e recebendo a energia da luz solar (mesmo em dias sombrios) diretamente através dos olhos (*sem óculos ou lentes de contato*) é altamente benéfico para o controle dessa doença.

- A supressão de *vinagre, temperos, chá, café e álcool* — especialmente vinhos doces e licores.

- *Tranqüilidade e controle emocional*: a tensão, receio, ira, ódio etc. agravam em muito os sintomas da artrite e aumentam o sofrimento.

Convém, portanto, repetir: *a artrite é apenas um mal nutricional, e só se faz seu tratamento lógico pela nutrição.* Infelizmente, as instituições de pesquisa da artrite informam há anos que a terapia nutricional não tem valor algum e assim desestimulam a grande maioria dos médicos, induzindo-os a não prestar atenção à dieta de seus pacientes. Qualquer cura ou melhora resultante da terapia nutricional é, portanto, qualificada de "regressão espontânea". No entanto, existem hoje provas concretas em número suficiente para confirmar os benefícios de tal terapia, justificando este conceito. Tal regressão ocorre de fato.

## Obesidade

Eis um estado físico muito mais grave do que o suposto pela grande maioria das pessoas. Ele está hoje estreitamente vinculado à diabete, cálculos biliares ricos em colesterol e às doenças das coronárias. A grosso modo, metade das pessoas na Inglaterra têm excesso de peso, e a obesidade entre as crianças atinge agora proporções epidêmicas.

Acredita-se em geral que as pessoas tornam-se obesas por comerem demais. O doutor Hay acreditava que a obesidade é antes de tudo a prova de um desequilíbrio na nutrição, em vez de simples conseqüência do excesso de alimento, e que sua causa assenta-se com muita freqüência na mistura de amidos com proteínas ou de amidos com frutas ácidas. Ele também criticava duramente os carboidratos refinados, a exemplo do que o doutor T. L. Cleave faria cinqüenta anos depois.

Portanto, para se tratar com lógica a obesidade, seja leve ou grave, é preciso corrigir os maus hábitos alimentares que induzem esse estado. A alimentação compatível é especialmente eficaz. Segundo muitos relatos que recebi de adeptos do Sistema Hay, *basta evitar misturas conflitantes para se reduzir pouco a pouco o excesso de peso — sem sequer tentar fazê-lo; sem ter fome, sem a maçante contagem das calorias e sem recorrer ao tratamento de choque das dietas para emagrecer, sem os moderadores de apetite e sem as perigosas drogas que reduzem as gorduras.* O doutor Hay advertia que todos os chamados remédios redutores de gorduras "devem ser evitados como se fossem um flagelo", por serem uma ratoeira e um engano, e porque seus resultados mínimos cobram terrível preço em termos de vitalidade e saúde. Sua advertência teve agora ampla confirmação em uma matéria de *Which,* uma revista de consumidores, em número de 13 de abril de 1983. A revista fez duras críticas a certos produtos destinados ao rápido emagrecimento — que não cumpria seu objetivo e, além disso, tinham desagradáveis efeitos colaterais.

Não se recomenda fazer tentativas de emagrecimento rápido. Toda mudança na dieta deve ser introduzida aos poucos. Para começar a perder peso basta, portanto, acostumar-se a separar os tipos de alimentos incompatíveis em refeições distintas. Quando esta separação estiver bem consolidada, deve-se aumentar o número de refeições alcalinizantes. Existe um meio excelente e fácil de fazê-lo, se alguém o desejar: que o desjejum tenha apenas frutas, ou apenas frutas e iogurte, e que se adote apenas um tipo de fruta de cada vez. Assim fazendo, a pessoa não causará queda de sua energia para as tarefas do dia (*a energia a ser consumida hoje foi fornecida pelos alimentos de ontem*); na verdade, um desjejum exagerado inibe parte da energia pela manhã. O doutor Hay sempre aconselhava: "Nenhum desjejum é ainda o melhor desjejum de todos" — mas não quando se tomam refeições ortodoxas.

Conquanto muita gente não sinta fome alguma no desjejum, o simples hábito a obriga a comer. O doutor Hay aconselhava: *"Nunca coma algo de espécie alguma em momento algum caso não tenha fome realmente*... Você obterá uma nutrição muito maior de alimentos ingeridos quando estiver com bastante fome, ao contrário do que ocorreria se esses mesmos alimentos fossem ingeridos sem fome suficiente". Esta regra excelente não tem importância apenas para os que querem emagrecer, mas para todos os que se preocupam com a saúde. O doutor Cleave atribuía-lhe importância tão grande a ponto de a colocar como primeira regra em sua Dieta Natural para a Saúde (*The Saccharine Disease*, p. 188): *"Não coma qualquer alimento a menos que o deseje de fato"*. É fato comprovado que a maioria das pessoas come mais do que o necessário. É certo o ditado: "Vivemos com um terço do alimento que comemos — o médico vive com os outros dois terços!".

Não é necessário privar-se de qualquer alimento bom, não processado, não refinado, integral, enquanto se reduz o peso, desde que ele seja ingerido de modo compatível. Mesmo os chamados "alimentos que engordam" (pão e batata) podem ser consumidos sem riscos, desde que o pão seja de farinha integral (feito em casa de preferência; veja a Parte Quatro); que as batatas cozidas com as cascas e que estas sejam ingeridas; que não se "lambuze" o pão e as batatas com excesso de manteiga. Os que querem emagrecer devem adotar as gorduras com parcimônia, especialmente quando elas vêm sob a forma de queijos manteigosos. O requeijão é ainda melhor, desde que não contenha muito sal. Convém reduzir drasticamente o consumo de sal na dieta dos que emagrecem (e reduzi-lo consideravelmente na dieta da maioria das pessoas).

A obesidade tem relação estreita com a prisão de ventre, indigestão e artrite. Portanto, o conselho que se aplica ao tratamento destes males é útil para o tratamento da obesidade: a eliminação da causa — carboidratos refinados especialmente todos os açúcares e os açúcares *ocultos* — e misturas de alimentos incompatíveis; fazer com que o grosso dos alimentos consista de hortaliças frescas, saladas e frutas, alcalinizantes; eliminar alimentos não recomendados; ingerir alimentos crus o máximo possível; manter o cólon em forma por todos os meios disponíveis, e não se esquecer da ração diária de farelo fresco e não processado, além de outras suplementações alimentares.

Quanto aos exercícios — o mais antigo remédio contra os depósitos de gorduras —, o doutor Hay advertia que quem quer emagrecer não deve fazer exercícios forçados: "A queima das gorduras por meio de exercícios aumenta em muito o apetite e, portanto, o total dos alimentos de todo tipo consumidos". Quem está emagrecendo deve fazer exercícios moderados.

Embora pareça paradoxal, a alimentação compatível também ajuda pessoas de peso abaixo do normal! Ambos os estados devem-se a anomalias na química do corpo. Por isso é que, embora os alimentos compatíveis reduzam paulatinamente o peso dos obesos, fazem aumentar o peso dos muito magros, com a única diferença de que os magros podem consumir mais alimentos amiláceos. Todavia, os magros devem ser advertidos de que também eles perderão peso *a princípio*. Isso não é motivo de preocupação, significando apenas um ajuste, "o descarte do velho que prepara o surgimento do novo".

*O Sistema Hay é antes de tudo um regime regularizador*. Este fato indica claramente que a natureza funciona sem parar para nos reconduzir ao estado ideal de peso, estatura, saúde, eficiência e tudo o mais, quando retiramos os obstáculos das vias de seu notável poder curativo.

**Diabete sacarina**

Existem dois tipos de diabete: a "tardia" e a "precoce". Os escritos do doutor Hay abordaram a diabete tardia, pois a precoce era rara em sua época. As crianças no início do século não consumiam esse rebotalho alimentar deficiente de fibras que hoje consomem.

Existem 600 mil diabéticos na Inglaterra. Durante vinte anos, seus médicos aconselharam-nos a reduzir drasticamente os carboidratos alimentares e a adotarem dieta rica em gorduras. Mas, em novembro de 1982, os médicos britânicos adimitiram que estavam no caminho errado e que ao longo de duas décadas deram conselhos errôneos aos seus pacientes diabéticos.

*Recomendações de Dietas para Diabéticos — Uma Declaração de Princípios da Associação Britânica de Diabéticos,* publicado em 1982, inverteu a dieta convencional "por causa de seus riscos potenciais para o sistema cardiovascular". Em vez de recomendar a dieta de poucos carboidratos e muita gordura, a declaração de princípios da Associação Britânica de Diabéticos (ABD) agora recomenda dieta que contenha muito menos gorduras e *"elevada proporção de carboidratos alimentares não refinados"* — um notável tributo aos conselhos dietéticos do capitão-cirurgião Cleave que, até os anos 70, eram ridicularizados por seus colegas médicos.

A Declaração de Princípio da ABD também recomenda evitar toda espécie de açúcar e destaca o valor das frutas e hortaliças frescas.

As novas recomendações dietéticas da ABD confirmam e referendam de modo marcante as próprias convicções e recomendações feitas pelo doutor Hay no início do século. Ele também estava convencido de que seus colegas médicos davam "o conselho errado"; ele também preconizava dieta que contivesse "carboidratos alimentares fibrosos" e não refinados, em grande proporção, em vez da tradicional dieta com baixo teor de carboidratos; e também recomendava rigorosa moderação no consumo de carne e destacava a importância do grande consumo de frutas e hortaliças frescas.

Mais importante ainda, suas recomendações dietéticas sobre a diabete foram enunciadas 71 anos antes da publicação da Declaração de Princípios da ABD em 1982, em documento lido para a *Warren Couty Medical Society* dos Estados Unidos em 1911.

Neste documento sobre diabete sacarina, o doutor Hay declarava: "Exatamente os homens e mulheres cuja alimentação diária mais se aproxima dos padrões da dieta prescrita para os diabéticos são os homens e mulheres cujos casos de diabete são mais numerosos e mais fatais. São as pessoas cuja ração diária é repleta de peixe, carne bovina e aves, e na qual sobra pouco espaço para o pão e as batatas".

Calcula-se que tal documento foi o primeiro trabalho escrito que abordou o Sistema Hay. Ficou perdido por quase trinta anos, mas logo após a morte do doutor Hay, em 1940, foi felizmente encontrado pelo comprador de sua velha escrivaninha, atulhada de papéis, no fundo de uma gaveta. Tem especial valor e significado para os seguidores do doutor Hay; revelou que ele estava tendo sucesso no controle da diabete, sem drogas, onze anos antes de Banting e Best descobrirem a insulina. Ele o conseguiu pedindo que seus pacientes "deixassem a carne, ovos e peixe, que integraram a parte principal de sua nutrição por tanto tempo, e ingerissem uma batata cozida uma vez ao dia, uma fatia de pão integral torrado e todas as frutas suculentas que desejassem". (Ele ainda não havia desenvolvido a essa altura o conceito amido-proteína.) Afirmou que a melhora resultante desse regime "era acentuada e muito gratificante para o paciente, não apenas por causa do aumento da vitalidade, mas também do apetite e da disposição, e — algo estranho à primeira vista — nunca ocorria elevação marcante nos índices de açúcar proibido, que até se reduziam. . ." (Ele também orientou seus pacientes a manter em forma seus órgãos de excreção por todos os meios possíveis, inclusive pela aplicação diária de dois litros de água pura e fria em enemas.)

O êxito conseguido pelo doutor Hay no tratamento de diabéticos por este meio convenceu-o por completo de que o respeito rigoroso a este plano por um prazo suficiente resultaria na cura completa de todos os casos em que não haviam ocorrido sérias alterações orgânicas. Mas, para os sábios da medicina de sua época, o tratamento de diabéticos por esse método era blasfêmia clamorosa. De um lado, considerava-se a diabete um mal incurável; de outro, todos os meios de alívio do mal haviam sido explorados sem êxito. *No entanto, aí estava um homem pregando a cura da diabete sem o uso de drogas.* Por isso chamaram-no de charlatão, colocando-o no ostracismo — era o máximo que podiam fazer para salvaguardar sua integridade profissional.

Chamado de "charlatão", o doutor Hay era na verdade um gênio humilde e incompreendido que havia descoberto a chave, não da diabete sacarina, mas de todas as doenças degenerativas.

## Alergia

O doutor Hay escreveu que "alergia é uma falta específica de resistência do corpo a certas substâncias que irritam, como alimento, pólen, proteínas estranhas ou o que quer que seja". Mas afirmou que "a causa assenta-se no indivíduo e não no meio ambiente". As substâncias irritantes não passam de causas secundárias (entenda-se por irritante o que ocorre naturalmente, não os venenos ambientais que o homem cria no alimento, ar e água, aos quais até o corpo mais sadio tem pouca resistência). A causa primária encontra-se quase totalmente no que ingerimos e no modo como o comemos, e no estado anormal da química do corpo. Ele prometeu que uma vítima de febre do feno é capaz de alterar de tal forma a química de seu corpo que "pode mergulhar o rosto em sua antiga *bête noir,* qualquer que ela seja, sem dar um espirro sequer".

Durante as últimas décadas, os conceitos do doutor Hay vêm recebendo um tenaz apoio que vincula as alergias às perturbações da química orgânica, com a publicação da obra do doutor John Ott. Em seu livro *My Ivory Cellar* (Twentieth Century Press Inc., 1958), descreve um projeto destinado a identificar a atuação dos grãos de pólen da erva-de-santiago. Quando desenvolvia esse projeto, apresentou provas palpáveis de que a causa primeira da febre do feno pode muito bem ser a perturbação da química do corpo e não o contato com o grão de pólen, ao contrário do que se acreditava em geral. A microfilmagem em câmara acelerada revelou que os grãos de pólen da erva-de-santiago colocados em secreção nasal extraída de vítima da febre do feno começavam imediatamente a emitir gotículas de líquido. No entanto, as gotículas não se formavam quando os grãos de pólen da erva-de-santiago eram postos em secreções nasais de pessoas não vulneráveis à febre do feno.

O doutor John Ott concluiu que a química do corpo das vítimas de febre do feno fazia os grãos de pólen da erva-de-santiago liberar as gotículas de fluido e que estas talvez fossem o fator que irritava as membranas nasais, e não o simples contato com a superfície externa dos grãos de pólen. Ele sugeriu que, sendo assim, é possível prevenir a febre do feno alterando-se o equilíbrio químico do paciente, em vez de simplesmente se tentar aliviar o transtorno com remédios depois que a febre do feno já se instalou — uma típica atitude de quem fecha a porteira do estábulo depois que o cavalo escapou em disparada!

*A alimentação compatível age como proteção dupla contra a alergia*: além de melhorar em muito o equilíbrio químico (são necessários cerca de cinco anos de alimentação correta para alguém chegar ou se aproximar do estado ideal), a alimentação compatível também protege contra o potencial alergênico de proteínas semidigeridas. (Ver Capítulo Dois.)

Sabe-se muito bem que, quando as proteínas não são totalmente decompostas, não são bem digeridas, desdobram-se em moléculas protéicas intermediárias ou grandes que são na verdade tóxicas, em vez de se desdobrarem em aminoácidos — o subproduto perfeito. Algumas destas moléculas de proteínas constituem a substância conhecida por histamina, que os médicos especialistas sabem ser uma proteína tóxica capaz de ser a responsável por muitas alergias comuns, como a febre do feno, asma, enxaqueca, eczema e urticária. O fígado de uma pessoa sadia é capaz de destruir rapidamente a histamina, ao passo que um fígado opilado não.

Em *Man Alive, You're Half Dead!*, o doutor Daniel Munro conta como encontrou um excelente meio para submeter a teste seus pacientes alérgicos, com base nas proteínas tóxicas geradas pelas misturas alimentares. Aplicou nos pacientes uma substância destruidora de histamina, a histaminase, e assim conseguiu descobrir "com uma considerável margem de rigor" em que medida as misturas alimentares criam subprodutos tóxicos. Descobriu que esses pacientes precisavam de um número maior de unidades de histaminase para controlar seus sintomas quando ingeriam refeições mistas em vez de consumir alimentos combinados corretamente — prova de que a mistura produz mais histamina. O doutor Munro considerou que esta prova bastava para justificar o conceito das combinações alimentares compatíveis. Quando seus pacientes eram aconselhados a evitar as más combinações, muitos deles ficavam totalmente livres dos sintomas da alergia. (Já que um dos muitos benefícios do iogurte natural não adoçado e não aromatizado é sua capacidade de inibir a produção de histamina, os que sofrem de alergia devem experimentar certo alívio consumindo muito este anti-histamínico todo dia — muito mais garantido que as drogas, que são tóxicas).

O *Hospital Doctor* de 6 de agosto de 1961 trouxe relatório revelando que o tratamento dispensado às vítimas de alergia na Inglaterra é pior que a terapia da maior parte das outras doenças. Pelo tratamento em voga, suprimem-se os sintomas por meio de drogas e aerosóis — lidando apenas com a *manifestação* da causa e não com a própria causa básica: os hábitos alimentares do paciente e os poluentes químicos (que se avolumam) em seu meio ambiente. Pioneiros de uma nova disciplina (a ecologia clínica), como o doutor Mackarness, que levantam as causas fundamentais da alergia, estão tendo resultados espetaculares, principalmente nos casos em que aditivos alimentares suspeitos provocam hipercinesia (hiperatividade) e graves problemas de comportamento nas crianças. Nem é necessário dizer que os conceitos destes pesquisadores em ecologia clínica são um repto ao pensamento médico ortodoxo e suscitam o mesmo descrédito e rejeição na classe médica, a exemplo do ocorrido com os conceitos nutricionais do doutor Hay.

Contudo, os resultados obtidos por estes pioneiros seriam mais espetaculares se eles ensinassem a seus pacientes como melhorar a química de seu organismo pela adoção da compatibilidade alimentar; estes pacientes seriam então capazes de, no prazo de dois a três meses, reintroduzir em sua dieta todos os alimentos naturais que propiciam saúde e aos quais eram até então alérgicos; e, conforme o doutor Hay prometeu, seriam logo capazes de mergulhar o rosto no que até então era sua *bête noir,* quer se tratasse de pólen, poeira doméstica, pele de animal, material sintético e tudo o mais, "sem um espirro sequer".

Foi animador constatar, enquanto fazia pesquisas para este livro, que nos anos 30 pelo menos um médico na Inglaterra concordava com as opiniões do doutor Hay: de que misturas conflitantes fazem mal aos alérgicos. Em *The Treatment of Asthma* (H. K. Lewis Co. Ltd., 1936) o doutor Harrington adverte que misturas de frutas ácidas como toranja com amidos devem ser evitadas na mesma refeição e que frutas ácidas ingeridas com muito pão e manteiga são especialmente nocivas a quem sofre de asma.

### Doenças da pele

Por serem visíveis, as doenças da pele são valiosos indícios do estado de saúde do corpo todo. A exemplo de outras doenças, é possível identificar sua causa: um estado tóxico do organismo. A doença é por si só uma prova de que o corpo está descartando os subprodutos tóxicos através da pele.

Mas por que eles deviam ser eliminados através da pele de certas pessoas? Eis a resposta: os subprodutos tóxicos encontram seu escoadouro por meio de muitas manifestações distintas das doenças degenerativas, e a forma particular que assumem é determinada pela resistência específica dos vários órgãos. "É aqui que entra a questão da hereditariedade", escreveu o doutor Hay. "A *forma* da doença é determinada em grande parte pela herança, mas a doença como *fato* é determinada pelo indivíduo." É, portanto, o elo mais fraco na corrente da hereditariedade que determina que o órgão, tecido ou função entregará os pontos primeiro.

Ao fim de quase trinta anos de adoção dos princípios do tratamento de doenças pelos meios naturais, o doutor Hay afirmou não ter visto um só caso de psoríase ou eczema que não desaparecesse depois de algumas semanas ou meses de separação dos alimentos incompatíveis, ainda que tais males não tivessem melhorado com o tratamento de muitos eminentes dermatologistas. Ele fez esta exortação: "Tratem todas as erupções da pele como evidências externas de intoxicação interna. Comecem corrigindo imediatamente todas as causas de intoxicação e aguardem os resultados". Uma vez que tais resultados manifestam-se na superfície do corpo, dão uma prova excelente e visível de que o Sistema Hay funciona e de que sua eficácia é assombrosa quando adotado com dedicação.

Em sua maior parte, essa intoxicação interna — que o doutor Hay, no seu modo franco de enunciar as coisas, chamava de "sujeira interna" — resulta da fermentação e putrefação de carboidratos não digeridos por completo. Uma vez mais, os causadores de transtornos são o açúcar e os alimentos de farinha branca — mas principalmente o açúcar, quando se trata de doenças da pele. Em *The Saccharine Disease,* o doutor Cleave confirma este fato: "É notória a relação entre muitos casos de eczema, especialmente em crianças, e o consumo de açúcar, doces e confeitos; e, na opinião do autor, a furunculose crônica é o indício mais seguro do alto consumo de açúcar *e o que se controla com maior rapidez interrompendo-se o consumo*".

Presenciei há alguns anos uma demonstração notável desse fato com o caso de um menino de 10 anos que sofria de eczema desde o nascimento. Ele fora levado sucessivamente a vários especialistas, mas, em vez de melhorar, piorava. Aos 10 anos, seu eczema era tão sério que os colegas de escola evitavam todo contato com ele, e os membros da família não conseguiam dormir à noite porque ele gemia e se arranhava. Em desespero sua mãe trouxe-o até mim. Seus braços e pernas eram uma verdadeira massa de erupções gotejantes. Orientei-a a suprimir todos os cereais açucarados que tomava no desjejum, todas as colas e refrigerantes gasosos, doces, bolos, biscoitos, e a substituir os pudins por frutas frescas na refeição principal. Também orientei a mãe a fazer seu próprio pão integral não sovado. Daí a dez dias ela me telefonou dizendo que *o eczema havia desaparecido,* que na pele restavam apenas manchas no lugar das erupções exsudativas. Fiquei atônito com a rapidez da recuperação do menino — *em dez dias, depois de dez anos de sofrimento e de fracasso total do tratamento ortodoxo!* A mãe contou que seu filho havia cooperado muito, gostava de sua nova dieta — especialmente do pão caseiro — e estava "todo emocionado" por ter uma pele saudável pela primeira vez na vida. É significativo notar que nenhum dermatologista por ela consultado havia falado em "dieta".

Portanto, a primeira providência a tomar no tratamento de eczema e outras doenças da pele é eliminar todo o açúcar e os alimentos que o contenham, pois os açúcares agem de modo a criar as condições que favorecem a proliferação dos produtos nocivos. Quando estes são absorvidos pela corrente sangüínea, podem ser responsáveis pela acne, furúnculos crônicos, eczema e muitos outros males da pele.

A segunda providência a tomar é recompor o equilíbrio orgânico o máximo possível, restaurando-lhe a química adequada pela adoção dos alimentos compatíveis.

Por fim, as mulheres ciosas da beleza ficarão maravilhadas ao saber que a alimentação compatível não apenas cura as doenças da pele: também garante uma epiderme linda e impecável. Em *The Joy of Beauty* (Century Publishing, Londres, 1983), Leslie Kenton afirma que o equilíbrio ácido-alcalino é um aspecto importante de toda dieta de quem deseja ter o máximo de saúde e beleza, sendo contudo um aspecto que a grande maioria dos sistemas nutricionais ignoram por completo. "Só conseguimos de fato a saúde positiva — saúde, além da simples ausência da doença — e permanecemos saudáveis quando os alimentos que ingerimos abastecem-nos com um excedente de nutrientes alcalinizantes", escreveu Kenton.

## O resfriado comum

*"Ninguém pega resfriados: eles são criados quando a pessoa tem os pés sob a mesa do jantar e não de outra forma".* Esta era a crença do doutor Hay, baseada no bom-senso.

Todavia, acredita-se em geral que os resfriados são transmitidos por um germe. É bem mais fácil achar que a causa é um germe e não nossos hábitos errados de vida. Mas a causa *primária* dos resfriados não é um germe e sim o estado químico do corpo que cria ambiente adequado para a proliferação desse tipo de germe. Além do mais, se um germe fosse a causa primária do resfriado comum, todas as pessoas em todos os lugares contrairiam resfriados o tempo todo. Todavia, não é bem este o caso, apesar de os germes encontrados nas secreções do nariz e garganta durante os resfriados serem os mesmos, onipresentes sem qualquer lugar e em qualquer tempo.

Fica evidente, portanto, que algo protege as pessoas que escapam da infecção, sendo isto o que condiciona resfriados. Conforme o doutor Hay apontou, "a suscetibilidade ou imunidade individual é determinada pelo estado individual do momento, e se você cultiva um estado interno que cria suscetibilidade, então pode esperar resfriados mais freqüentes quando estes se tornam epidêmicos, ou pode esperar pela imunidade completa mesmo durante o recrudescimento dos resfriados ou gripes epidêmicas". Os simpatizantes do Sistema Hay demonstraram a verdade desta afirmação e se tornaram virtualmente imunes a resfriados, a exemplo do ocorrido comigo: passei vinte anos sem maiores fungadelas causadas por resfriado.

Embora se tenham gasto muito tempo e dinheiro em pesquisas durante os últimos cinqüenta anos na busca das causas e cura do resfriado comum, a Medicina admite que estas ainda são um mistério. Conhecendo as causas, o doutor Hay indagou com toda a razão: "Que estigma ou insensatez teria feito crer que, para começar, tais pesquisas parecessem necessárias?" Advertiu que nunca se conseguiriam avanços até se abandonar a "teoria dos germes" e se aceitar o fato de que *"todo resfriado não passa de uma demonstração de que o corpo se esforça para limpar a casa"*. Se o resfriado demonstra que o corpo se esforça por se livrar dos subprodutos indesejáveis que dificultam seu funcionamento normal, então sua prevenção baseia-se na eliminação desses subprodutos perturbadores. Mas o tratamento costumeiro não visa à excreção e sim a fazer alvoroço com os subprodutos, aliviar as mucosas com sedativos ou inaladores antissépticos, remédios para tosse, gargarejos. Estes remédios visam aos *sintomas*. Nenhum deles visa à remoção *das causas* que por si sós podem trazer os sintomas desagradáveis e às vezes perigosos a que chamamos resfriado.

A própria Natureza indica como iniciar a remoção das causas: por meio de febre e perda do apetite, que muitas vezes se manifestam com um resfriado grave. Portanto, a melhor coisa possível a fazer é suprimir todas as refeições e submeter o paciente a um jejum composto de suco de frutas ou, melhor ainda, um jejum de frutas. O conselho "alimente o resfriado e acabe com a febre" é mal compreendido. Significa na verdade que, se você alimentar o resfriado, acabará precisando combater a febre. O jejum de frutas é muito agradável. Pode-se consumir qualquer tipo de fruta que se queira a cada duas horas durante o dia por vários dias ou até mesmo durante uma semana. Pode-se escolher uma fruta diferente a cada dia.

Existe um meio rápido de acabar com o resfriado, mas implica grande autodisciplina e não convém adotá-lo sem a aprovação e conselho do médico da família ou de um naturopata credenciado. Exige que se tome um banho quente à noite (tão quente quanto a pessoa possa suportar); tomar um litro de limonada quente enquanto a pessoa estiver no banho; ficar na banheira até transpirar bastante; embrulhar-se num lençol e deitar-se sob grossas cobertas para que a transpiração prossiga pelo maior prazo possível; tomar um purgante na manhã seguinte, com o estômago vazio, e nada comer até o fim da tarde; então a primeira refeição consistirá de frutas e hortaliças antes da pessoa voltar ao regime normal. Trata-se de remédio eficaz, embora um tanto drástico, contra o resfriado.

É muito melhor levar uma vida tal que impeça o aparecimento dos resfriados. Aproxima-se rapidamente o dia em que nos envergonharemos tanto de um resfriado quanto de uma pena de prisão. "Mas se você pecou e se o resfriado é a pena", escreveu o doutor Hay, "limpe a casa conforme a Natureza o faria levando um tempo maior, mas limpe-a antes de mais nada!"

**Dores de cabeça**

Dor de cabeça é uma das afecções mais comuns que nos afligem, especialmente a nós, mulheres.

Acredita-se de um modo geral que se consegue fazer pouco contra ela e que a hereditariedade é em geral sua causa, principalmente se a mãe e a avó sofreram ambas do mal. A exemplo de todas as outras doenças, a hereditariedade determina em parte sua forma, pois as resistências específicas são herdadas. Mas, conforme o doutor Hay apontou repetidas vezes, "a exemplo das demais doenças, as dores de cabeça não podem ser herdadas, e sim criadas pelo indivíduo".

Exceto quando provocada por insolação ou por pressão nos nervos cervicais por causa do deslocamento de vértebras, a dor de cabeça assinala um estado tóxico. Por exemplo, no caso da enxaqueca, cada ataque assinala o fim da tolerância do corpo às toxinas que causaram o transtorno. Um ataque de enxaqueca revela que a Natureza esforça-se em descartar essas toxinas para que o corpo recupere seu estado menos tóxico e inicie a volta às funções normais; daí o mal-estar, os vômitos (freqüentes) e a perda de apetite. Em sua maioria, as vítimas de enxaqueca dizem que se sentem melhores por algum tempo depois de cada crise.

A melhora continuaria para a vítima de enxaqueca, que não voltaria a sofrer outras crises, se as causas não se repetissem. Mas as causas se repetem, e recomeça todo o círculo vicioso.

Um dos casos tratados com êxito pelo doutor Hay é digno de nota, embora fosse uma fabulosa descoberta por acaso. Uma senhora de 83 anos pediu para lhe falar antes de uma conferência numa escola, dizendo que tinha algo muito interessante a contar. O filho dela, que sofria de indigestão, havia consultado o doutor Hay três meses antes, e fora orientado a adotar os alimentos compatíveis. A mulher considerava que as coisas ficariam mais fáceis para ela se também adotasse o novo regime do filho. Para sua grande surpresa, *já na primeira semana* do regime desapareceu-lhe a intensa e persistente dor de cabeça que a afligira todos os dias de sua vida desde quando tinha quinze anos — *ou seja, durante 68 anos!* E ela não introduzira mudança alguma em seus hábitos alimentares, exceto combinar os alimentos compatíveis.

Mas, além de aconselhar a compatibilidade alimentar, o doutor Hay também pedia para se "manter o cólon em forma e assim mantê-lo em dia" por meio de enemas, "pois é no cólon que ocorre o grosso da fermentação dos amidos por causa do atraso na eliminação dos amiláceos ali existentes". Segundo afirmava, bastaria este meio para curar grande número de dores de cabeça. Mas, a fim de consolidar a garantia de alívio permanente, era necessário separar os alimentos colocando-os em grupos compatíveis. "Toda dor de cabeça que persista apesar desta prática pode ser controlada com toda a garantia com pressões nos nervos cranianos, pois eles fazem emissões a partir do pescoço e podem ser perfeitamente tratados pelo osteopata ou o massagista".

A dor de cabeça é na verdade muito fácil de entender e de tratar quando vista sob o prisma de sua causa — o estado tóxico do corpo. Quando esta causa autógena é removida, o próprio corpo opera a cura.

## Males dentários

Para o doutor Hay, a dor de dentes não passava da prova de que algo estava errado no equilíbrio químico do corpo.

Ele afirmava que o acúmulo dos subprodutos ácidos da digestão e do metabolismo, ou deficiências na reserva alcalina são a causa única da deterioração dos dentes e de todas as outras formas de inflamação das gengivas e de todas as doenças da boca.

Hay escreveu que o nível de limpeza ou de higiene meticulosa da boca não surtiria efeito nesses males desagradáveis se o alimento não contivesse os elementos necessários durante certo tempo. Os primeiros indícios de problemas são gengivas avermelhadas nas bordas, com retração posterior; língua saburrosa, fissurada ou denteada, quando não as papilas dilatadas que observamos com freqüência na ponta da língua normal; queda prematura dos dentes; aglomeramento na arcada, com os dentes fora de alinhamento; e interferência no ato de morder. O doutor Hay insistia que, antes de se autorizar qualquer dentista a clinicar, seus professores deviam ter a certeza de que ele entendia o significado destes indícios e os meios de enfrentar a situação.

Mas os dentistas quase não levam em conta que a dieta errada é a causa destes males. Desde o final do século passado, preocupam-se totalmente com a chamada Teoria da Acidez, segundo a qual as cáries são causadas por "bactérias em fermentação ácida" (bactérias que produzem ácido corrosivo pela fermentação do açúcar e outros carboidratos refinados) — a chamada "placa". Por isso, a Teoria da Acidez concentrou as pesquisas a partir *do exterior,* ocultando o fato cada vez mais aceito de que a cárie dental começa *primeiramente* a partir *do interior,* na dentina situada abaixo do esmalte. Aquela teoria ignora o fato de que, apesar de seus brilhantes progressos na tecnologia odontológica, os dentistas ainda não estão mais perto da solução da cárie dental. Também é responsável pelo fato de os profissionais da odontologia aceitarem ingênua e avidamente a prática da fluoretação dos reservatórios de água como se fosse "a providência-chave" para a solução do problema, erigindo-a erroneamente em condição de "medicina preventiva".

Tal aceitação revela que lamentavelmente se ignora a causa fundamental da deterioração dos dentes — o enorme consumo atual de açúcar, doces e outros carboidratos que em última análise são açúcares. Também revela que se ignora por completo o que seja de fato a medicina preventiva. Ao promoverem esta panacéia contra os males dentários, os médicos tratam apenas *os sintomas* — as cáries — em vez de enfrentarem *a causa* — a nutrição deficiente. Conforme o doutor Carstars destacou numa palestra pela BBC, "atenuar o sintoma sem verificar e, se possível, eliminar a causa, é sempre medicina falha".

O doutor Hay diria que a fluoretação das águas é exemplo flagrante de "medicina falha", pois sempre destacava que é tolice tentar curar um mal sem antes remover sua causa.

Os dentistas sabem muito bem que o açúcar é a causa principal da cárie dental, mas *sempre e apenas quando afeta os dentes a partir do exterior.* Por isso, sempre ignoram o fato — do pleno conhecimento do doutor Hay sessenta anos atrás e revelado pelas recentes descobertas da Medicina — de que *o açúcar não apenas faz estragos à vontade nos dentes, mas também no corpo como um todo,* sendo agora identificado como o responsável por muitas das doenças degenerativas e deformantes, como as discutidas neste capítulo, e pelas atuais doenças degenerativas que matam: doença das coronárias e câncer do cólon.

Em *The Lancet* de 5 de fevereiro de 1983 (p. 282, "Açúcares e Cárie Dental"), o doutor Aubrey Sheiham, do Departamento de Saúde Comunitária da Hospital Medical Scholl de Londres, não dá margem a dúvidas ao declarar: "O açúcar é a causa principal das doenças mais comuns nos países industrializados". Ele dá excelentes conselhos sobre os meios de reduzir o consumo de açúcar, mas sempre no contexto de sua ação direta sobre a superfície dos dentes. Em momento algum ele destaca a estreita relação que existe entre o açúcar e as doenças degenerativas ou recomenda uma dieta que garanta *a resistência às cáries, a partir do interior do dente.* Mas afirma que se podem evitar as cáries dentárias e que "já se sabe muito sobre sua prevenção, para se lançar contra ela um ataque bem-sucedido".

Esse ataque bem-sucedido ainda não foi desfechado. Os conselhos dos dentistas para que se reduza o consumo de açúcar são "superficiais", nada enfáticos, chegando mesmo a promover a crença de que a nutrição em *geral nada tem a ver com o fortalecimentos dos dentes contra as cáries.*

Um dentista e sua mulher, Richard and Elizabeth Cook, discordam totalmente dessa crença ultrajante. Em seu recente livro *Sugar Off!* (Great House Press, 1983), o casal traça um excelente método nutricional do tipo "faça você mesmo", que elimina todos os açúcares e os alimentos e bebidas que o contenham, para a manutenção da saúde dos dentes de cada um. (Todavia, o casal recorre ocasionalmente a sucedâneos do açúcar.) Chegando à conclusão de que a saúde dos dentes é um bem valioso demais para ficar sob o controle exclusivo de dentistas "treinados para consertar e extrair dentes, não para dar conselhos sobre dietética", essa equipe formada de marido e mulher decidiu ir em frente com seu livro. Ambos acreditavam piamente que "nenhum dentista pode fornecer ou distribuir saúde dental. Cabe a você consegui-la por conta própria" — *conselho que se enquadra muito bem nos conceitos do doutor Hay.*

No entanto, ainda mais de acordo com os conceitos um tanto revolucionários do doutor Hay foi o conselho dado nos anos 30 por uma dentista e médica, Martha Jones. Consoante notícia de *The New York Sun* de 5 de dezembro de 1934 sobre seu trabalho, "sua teoria diz essencialmente que bons dentes dependem da alcalinidade da dieta; que, se a dieta não contiver alimentos mais alcalinos do que ácidos, é provável a ocorrência de cáries". A doutora Jones aconselhava que, para cada porção de carne, queijo ou pão (tudo o que desses subprodutos geradores de acidez) devia-se adotar duas porções de frutas e hortaliças. Segundo ela disse, o que torna a dieta alcalina são hortaliças de raízes como nabo, batata-doce etc; hortaliças folhosas; frutas; as verduras que dão o máximo de alcalinidade, o que é melhor ainda se tiverem folhas mais finas e mais escuras. A doutora Jones também ensinou que as dietas de futuras mamães são da máxima importância para o desenvolvimento dos dentes, e que os dentes do futuro bebê serão fortes e saudáveis *se a gestante tiver uma dieta bem alcalina.*

Segundo o *Dental Products Report* de abril de 1975, o controle das doenças das cavidades dentárias e das gengivas por meio da *dieta* pode em breve substituir a escova e o fio dental, tornando-se o esteio da boca sadia. Na 110.ª Assembléia da Associação Odontológica de Chicago, o doutor H. A. Huggins, de Colorado Springs, informou que dietas organizadas sob medida para atenderem às necessidades específicas de cada paciente trouxeram notáveis resultados em casos sem êxito com a escova e o fio dental. Além do mais, as análises de amostras de sangue de mais de 7 mil pessoas e as análises dos micronutrientes contidos em seus cabelos levaram à conclusão de que *a doença dentária é na verdade uma doença global do corpo.* Esta conclusão enquadra-se totalmente no que o doutor Hay e o doutor T. L. Cleave afirmaram a respeito das doenças que acometem os dentes.

Uma dieta adequada pode não apenas *evitar* o comprometimento dos dentes, mas até *regenerar* suas cavidades, a julgar pelo seguinte relato de um caso clínico feito pelo doutor Hay: um jovem vinha sofrendo por causa de uma seqüência de cáries ao nível da gengiva, que se estendiam por quase por todos os dentes superiores e inferiores. Eram tão sensíveis ao calor e ao frio, ao doce e ao azedo, que ele praticamente vivia à base de mingaus e papas. Seu dentista havia insistido em que era inútil fazer algo. Nessa época o jovem descobriu o Sistema Hay e decidiu pô-lo à prova. Ao fim de seis meses, visitou seu dentista, que não notou mudança alguma em sua boca. No entanto daí a seis meses percebeu que seus dentes já não eram hipersensíveis e que ele podia mastigar alimentos duros sem dificuldade. Quando seu dentista examinou de novo seus dentes, ficou tão surpreso com o que viu que convocou uma reunião de dentistas para observarem aquele caso insólito. "Cada cavidade era agora sede de pequenos depósitos de dentina secundária — um esforço de reparação da Natureza — um tecido cicatrizante especialmente indicado para o conserto dos tecidos do dente. Essa dentina secundária era rígida como o esmalte original. Seu dentista demonstrou-o, testando-a com uma broca. Como conseqüência o jovem conservou todos os dentes e informou que nunca estivera tão feliz e saudável em seus 40 anos de vida, nunca se cansando ou mergulhando em estados depressivos, sempre contente e otimista."

No que respeita à cárie dental, o tratamento ortodoxo já demonstrou que é incapaz de preveni-la. A fluoretação fracassou (a recente redução do número de cáries a nível mundial em crianças não está relacionada com a fluoretação, natural ou artificial) e existem indícios nunca desmentidos de que o flúor causa males que vão da fluorose dentária em crianças (primeiro sintoma de envenenamento por excesso de flúor) até a fluorose óssea nos idosos. O doutor Hay aconselhava: "Cuidem do homem como um todo, que os dentes cuidarão de si mesmos, com ou sem escova".

**Pós-escrito**

A falta de espaço impede-nos de discutir ainda mais as doenças degenerativas no contexto da alimentação compatível. As descritas anteriormente bastam para confirmar a afirmação do doutor Hay (e do doutor Cleave) de que a doença degenerativa tem sempre a mesma causa, apesar de suas manifestações múltiplas; que esta causa fundamental é a dieta inadequada e que sua cura "se assenta sempre e apenas nos alimentos".

Acontece que umas poucas doenças degenerativas não acusam os efeitos da nutrição correta. Uma destas é a "paralisia agitante". O doutor Hay escreveu que "esta é a chamada Doença de Parkinson, alteração degenerativa dos nervos, presumivelmente nos centros dos flexos simpáticos. O mal não tem cura até agora, embora muitas teorias fossem propostas e muitos remédios tentados. É lamentável que, quando os nervos sensoriais ou motores começam a morrer, é impossível fazer algo construtivo visando à cura". (Mas agora se conseguem melhoras, pois novas drogas vêm ajudando consideravelmente.)

O câncer — a segunda maior causa de morte de adultos nos países do Ocidente, a qual hoje mata mais crianças que qualquer outra moléstia e é a doença degenerativa mais temida — é outro mal para cuja "cura" virtualmente nada se faz. Em seu artigo "O Instituto Nacional do Câncer e Cinqüenta Anos de Acobertamento", publicado por *The New Ecologist* de novembro/dezembro de 1978, Peter Barry Chowka citou a seguinte declaração do doutor William Howard Hay, que o *Cancer Journal* publicou em 1927:

"Reavaliem as pesquisas do câncer feitas ao longo dos anos, os milhões gastos, o tempo consumido, as dores sofridas... e digam onde ainda estamos hoje. Não terá chegado a hora de fazermos um balanço de nossos conceitos básicos para verificar se não existe algo totalmente errado, responsável pelos anos de fracasso total e completo até o momento? O câncer aumenta paulatinamente... *Não será possível que nosso afastamento dos alimentos naturais seja a causa do câncer?*"

No mesmo artigo, o senhor Chowka explica que, a cinqüenta anos atrás, informações alentadoras traçaram um claro paralelo entre a dieta e o câncer, mas que as instituições de tratamento da doença concentraram-se nos sintomas e não na sua prevenção, encobrindo virtualmente a verdadeira resposta para a prevenção e cura do câncer: *"a volta a uma dieta saudável"*.

Passado tanto tempo, agora esta estreita relação entre a dieta e o câncer volta a ser admitida — setenta anos depois que o doutor Hay apontou o caminho. Aumentam agora os relatórios médicos contando que trinta por cento, ou até cinqüenta por cento, de todos os casos de câncer resultam de "estilos de vida não saudáveis" e de *dieta inadequada*. Em 16 de junho de 1983, o *Hospital Doctor* noticiou que, durante assembléia do Imperial Cancer Research Fund no dia 13 de junho em Londres, sir Richard Doll apontou a mudança no estilo de vida e na dieta como "a chave para a cura do câncer". Ele sugeriu: "Pare de fumar, tome menos bebida alcoólica, emagreça e consuma mais fibras e vegetais e menos gordura animal e laticínios gordurosos".

O doutor Hay estava certo ao escrever: "Em verdade, somos estúpidos quanto ao tratamento de nossos próprios corpos, pois não interpretamos corretamente as advertências simples da Natureza e até tentamos não percebê-las, ocultando-as com a ação dos chamados remédios, em vez de remover por completo o estúpido estado físico deficiente".

A verdade é que usamos mais inteligência quando tratamos nossos animais do que quando nos alimentamos. O criador sempre percebeu que quando alimenta corretamente seus animais domésticos eles continuam saudáveis e que, quando os alimenta de modo errado, eles adoecem. Tem especial significado para os argumentos deste livro observar que até as espécies caninas se beneficiam da alimentação compatível. O famoso veterinário "Buster" Lloyd-Jones advertiu os proprietários de cães em *Love on a Lead:* "Não misturem biscoitos com carne ou caldo de carne. Isto pode causar distúrbio digestivo".

É muito alentador observar que finalmente usamos mais inteligência ao nos alimentarmos. A Medicina institucionalizada reconhece agora a importância dos métodos nutricionais e preventivos de tratamento — e até mesmo da "medicina complementar"!

Também é alentador notar que, embora até pouco tempo atrás o indivíduo negava-se a assumir responsabilidade por sua própria saúde, existe hoje a busca insaciável de todo tipo de auto-ajuda que propicie uma alternativa à solução ortodoxa das drogas.

Como conseqüência, a medicina alternativa e os grupos de auto-ajuda desenvolvem-se, como a Wessex Healthy Living Foundation, em Bournemouth: a primeira, na Inglaterra, onde médicos e terapeutas prestam serviços de graça a fim de reduzir o custo das consultas e do tratamento do paciente. Outros grupos são a Healthy Life Association, em Ipswich, que hoje tem filiais em Felixtowe e Harwich; a Cancer Advice Clinic em Brighton; e o Cancer Help Center em Bristol, inaugurado pelo Príncipe Charles em julho de 1983. No seu discurso inaugural, Sua Alteza Real destacou que o tratamento médico heterodoxo não deve ser descartado a título de "mistificação".

As autoras deste livro sentem portanto que não haveria momento mais oportuno para reexaminar o Sistema Hay. Hoje, mais do que nunca, as pessoas estão dispostas a atentar para a racionalidade e veracidade dos seus preceitos. E são grandes as recompensas. Apenas um pequeno número de pessoas que pesquisaram conscientemente os princípios das combinações alimentares corretas e os aplicaram corretamente aos seus hábitos alimentares não experimentaram resultados palpáveis a curto prazo. O doutor Hay informava: "Milhares de pessoas descobrem um modo de vida tão superior a tudo o que até então haviam experimentado que por isso nunca mais voltam a estilos menos científicos de vida: continuam a fazer de sua alimentação diária um estudo científico, porque descobriram que este rende mais dividendos que tudo o mais que tenham antes encontrado". Ele também informou que, além do entusiasmo demonstrado com seu estado de saúde, todas as pessoas declararam-se profundamente impressionadas por se sentirem *livres do receio de doenças no futuro.*

O doutor Hay dava conselhos especiais a todos os entusiásticos adeptos de seu Sistema. Vamos repeti-los. Ele lhes pedia para *não falar muito* sobre o Sistema; não cometer o erro de, em seu entusiasmo, tentar converter amigos ou parentes; não "esbanjar conhecimentos" com quem não os quisesse; ajudar quando a ajuda fosse solicitada; e fazer de seu bom estado de saúde, eficiência e aparência juvenil as provas mais palpáveis da verdade que cerca a alimentação correta — muito mais do que torrentes de argumentos.

O eminente ator, sir John Mills, é um dos que defendem o Sistema Hay. Quando lhe perguntaram durante entrevista coletiva há alguns anos atrás por que ele parecia "tão incrivelmente bem aos setenta anos" e por que "mal engordara meio quilo em trinta anos", respondeu: "Sigo a mesma dieta há trinta anos — a regra principal é não misturar proteínas com amidos".

Uma famosa estrela do cinema, Evelyn Laye, foi também adepta do Sistema Hay. Na edição de 23 de agosto de 1936 do *Sunday Graphic,* ela contou como adotou essa forma de alimentação quando trabalhava em Hollywood e estava perturbada por estar comendo alimentos errados havia muito tempo: "Experimentei melhoras em um dia. Em duas semanas eu estava com a saúde e a vitalidade em plena forma e me sentia mais viva e cheia de energia. Tenho a certeza de que o motivo de tantas doencinhas no final da vida, como indigestão, estado nervoso e aqueles acessos que nossos amigos mais gentis chamam de "temperamentais" podem ser debitados à conta da má alimentação nos anos precedentes".

Um fato interessante, de alto significado e importância: é o cérebro, não o corpo, que dá os primeiros sinais de que a nutrição melhorou — muitas vezes "em um dia", conforme Evelyn Laye e muitos outros constataram. Conforme o doutor Hay destacou, o raciocínio claro e correto depende dos alimentos corretos ingeridos da forma certa, muito mais do que supõe a vã filosofia das pessoas. Não restam dúvidas de que os rebotalhos alimentares de hoje, faltos de nutrição e processados, são os responsáveis por um grau considerável do grande aumento de muitas das doenças da sociedade moderna: sérios problemas de personalidade em criancinhas, mau comportamento em casa, no escritório e na fábrica; suicídios de origem depressiva; matrimônios desfeitos; delinqüência juvenil; doenças mentais; assaltos assombrosos e crimes até mais violentos. Os efeitos psicológicos dos alimentos são potentes e prolongados — e só agora isso começa a ser compreendido.

É portanto alentador notar que os desastrosos efeitos psicológicos da dieta do século XX são afinal investigados em profundidade. Em *The Times* de 1.º de agosto de 1983, Barbara Griggs informou em artigo intitulado *Sugar's Bitter Harvest* que nos últimos dois ou três anos os pesquisadores nos Estados Unidos têm buscado possíveis ligações entre os muitos fatores poluentes e desvitalizantes de nossa dieta e o aumento do número de crimes violentos. *Estes pesquisadores constataram que o açúcar é o "grande vilão da história"*. Seu consumo em excesso pode resultar no mal conhecido por hipoglicemia, ou baixo índice de açúcar no sangue, situação em que "as mensagens do cérebro que controlam o humor, a motivação e o aprendizado são rompidas para sempre". Griggs escreveu que "a conseqüência pode ser um ataque súbito de ira, agressão, mudanças de humor, confusão, fadiga e irritabilidade... cafeína, álcool, fumo e exposição a alergênios, tudo pode desencadear este desequilíbrio da química do corpo, mas *nada o desencadeia com maior rapidez ou de modo mais previsível do que o açúcar*".

A exemplo do que fez em muitas outras ocasiões, Barbara Griggs destacou que o maior consumo de açúcar segue paralelamente ao aumento do número de crimes violentos. É significativo lembrar que um estudo feito em 1980 nos Estados Unidos "revelou que grande número de delinqüentes juvenis examinados ingeriam mais de 180 quilos de açúcar por ano, sob as mais diversas formas". Era de prever que o professor A. J. Vlitos, diretor-geral da Organização Mundial de Pesquisa sobre o Açúcar (o *lobby* da indústria açucareira no mundo) considerasse "inconsistente" qualquer prova contra o açúcar!

O novo interesse suscitado pela hipótese da relação entre o açúcar e o crime fica evidente pelo fato de que "Nutrição e Saúde Mental" foi o tema da Conferência McCarrison realizada no St. Hugh's College, Oxford, entre 23 e 25 de setembro de 1983, com a aprovação da Organização Mundial da Saúde (OMS). Um dos oradores, o doutor Michael Colgan, citou estudos que demonstravam que o comportamento criminoso pode ser causado por maus alimentos e prevenido e tratado por bons alimentos. Outro orador, doutor Alexander Schauss, criminologista clínico e autor de *Diet, Crime and Delinquency* (Parker House, 1981), insistiu para que os interesses comerciais e o governo atuassem com os acadêmicos a fim de avaliarem o verdadeiro impacto da dieta nos desvios de comportamento e no aprendizado.

Em *Man the Unknown,* o doutor Alexis Carrel, prêmio Nobel, fez duas profundas observações de grande importância para a presente argumentação: "Não restam dúvidas de que a consciência é afetada pela quantidade e qualidade dos alimentos... Ter saúde natural melhoraria em muito a felicidade do homem". À luz destas observações, o Sistema Hay oferece uma dimensão importante e altamente benéfica para evitar as doenças degenerativas e para uma vida saudável, feliz e coroada de êxito.*

* Consultar: Sugar Blues, Editora Ground.

# 4
# MANTEIGA EM VEZ DE MARGARINA

O atual consumo de gordura pelo homem do Ocidente é demasiado para a saúde, e a Medicina aconselha o público a reduzi-lo. *O Sistema Hay, corretamente praticado, reduz automaticamente o consumo de todas as gorduras.* Por infelicidade, a propaganda submete o público a uma lavagem cerebral, induzindo-o a crer que a manteiga e outras gorduras de origem animal levam a distúrbios cardíacos e devem ser substituídas por margarina e óleos vegetais. As autoras deste livro não acreditam que gordura animal seja o vilão da nutrição humana e empregam laticínios em todas as receitas das partes Três e Quatro. Acreditam que alimentos naturais, não processados e frescos, são a base da saúde e, portanto, não podem preconizar de forma alguma os recheios e óleos não naturais e muito processados que hoje se fabricam e se vendem para consumo humano.

Ross Hume Hall, professor de Bioquímica na Universidade McMaster, Canadá, explica o quanto esses recheios e óleos são processados, em seu livro *Food for Nought*[1], baseado em profundas pesquisas e boa documentação.

Em resumo: os grãos — soja, semente de algodão, semente de colza e milho — precisam antes de tudo ser esmagado para liberarem o óleo. Isto é feito mecanicamente ou com solventes químicos. O segundo método é o preferido, porque faz as sementes liberarem mais óleo. O solvente químico depois se evapora pela fervura, mas no óleo ainda permanecem traços de até 100 partes por milhão. Ele precisa ser reduzido ao nível "permitido": cerca de 10 partes por milhão. Todavia, dependendo da fonte, o óleo pode conter "ácidos graxos livres" e indesejáveis. É preciso removê-los tratando-se o óleo com uma solução de soda cáustica à temperatura de 60 a 72 graus centígrados. Quando o sabão que se forma finalmente decanta, o óleo é desnatado. É então alvejado — submetido a um processo de desodorização durante doze horas! Finalmente, é tratado com um antioxidante para evitar o ranço. Este antioxidante é em geral o butilato hidroxianisol. (Os antioxidantes usados para evitar o ranço em muitos produtos são feitos de petróleo e considerados possíveis carcinogênicos por algumas autoridades.)

Para condensar o óleo, dando-lhe a consistência das margarinas é preciso submetê-lo ao processo conhecido por hidrogenação. Para tanto o óleo é misturado "com um catalisador de níquel, novo ou já usado, e submetido ao gás hidrogênio num reator de pressão". Contudo, este processo deixa no produto até 50 partes do níquel catalisador por milhão. Antes se deixava esse catalisador no óleo, mas agora se exige um processo de limpeza para se remover o níquel, pois se constatou que traços deste catalisador tornam o produto mais suscetível ao ranço. "O processo de refino", adverte Ross Hume Hall, "deixa o óleo quase totalmente desvitalizado... Por exemplo, a lecitina é expurgada; esta substância natural vive associada aos materiais graxos em seu estado natural. É um emulsificador que ajuda na digestão de gorduras."

O professor Hall adverte que os médicos promovem o consumo de gorduras vegetais processadas em vez de manteiga e outras gorduras animais, "sem nada saberem do que recomendam".

Além do tratamento *químico* maciço, *o tratamento a temperaturas elevadas* a que os óleos e recheios são submetidos basta para condená-los, tornando-os alimentos inadequados em termos nutricionais. Segundo o doutor Norman Walter, "se as gorduras são tratadas a 48 graus centígrados, não serão convenientemente atacadas pelos sucos pancreáticos da digestão e não ficarão disponíveis para que o fígado as utilize... motivo pelo qual seu valor nutricional construtivo é destruído.[2] Todavia, muita gente confia por completo no "valor nutricional construtivo" da margarina. Ignoram que muitas margarinas são feitas com as gorduras muito saturadas que pensam estar evitando e que o colorante que o fabricante adiciona pode ser carcinogênico e alergênico, causando superatividade em seus filhos.

## A "hipótese das gorduras"

A hipótese de que a ingestão desses recheios e óleos superprocessados previne doenças cardíacas tornou-se um dogma da Medicina no começo dos anos 70, mas impôs muitas preocupações desnecessárias e autêntica ansiedade a milhões de pessoas. Tal hipótese não se justifica sob os pontos-de-vista evolutivo, epidemiológico, biológico e histórico — *principalmente histórico.* No início deste século, quando pouco se usava a margarina, a doença das coronárias era quase desconhecida. Era ainda uma doença rara nos anos 20. A partir de então houve aumento abrupto em sua incidência. Segundo um dos mais eminentes cardiologistas da Escócia, em 1924 não houve casos de doença das coronárias do coração (DCC) na ala hospitalar de que ele cuidava; mas em 1954 havia mais de 300 casos.[3] Agora a DCC ocorre cada vez mais em homens jovens.

Conforme o que o correspondente de Medicina do *Sunday Telegraph* escreveu em 20 de março de 1983, ataques cardíacos fatais entre empresários no final da faixa dos 20 anos e início da faixa dos 30 anos foram anunciados pelo serviço mundial de emergência médica, o Europ Assistance. Este serviço, que presta ajuda médica local aos seus sócios britânicos em viagem pelo exterior, "tratou de 115 casos fatais do coração no grupo dos 28 a 36 anos de idade no ano passado, contra 28 casos em 1981 e 73 em 1980".

A dieta de baixo índice de colesterol que condenava gorduras de origem animal desfrutou de grande prestígio nos anos 70, mas agora perdeu muito de sua reputação. Recentes estudos não conseguiram endossar a "hipótese das gorduras", que sofre agora uma reviravolta notável, especialmente nos EUA.

Um exemplo marcante dessa mudança no comportamento dos médicos é revelado pelo doutor George V. Mann, no *New England*

*Journal of Medicine* de 22 de setembro de 1977. Ele afirma que "pesquisas feitas durante uma geração, sobre o vínculo entre dieta e coração, resultaram em confusão. . . Fundações, cientistas e os meios de comunicação, leigos e cientistas, promoveram as dietas de baixo teor de gordura, baixo índice de colesterol, com gorduras poliinsaturadas, e no entanto a epidemia continua à solta, a colesteremia na população permanece imutável, e *os clínicos duvidam de sua eficácia*".

Outro exemplo desta reviravolta consta de relatório divulgado em maio de 1980 pela Academia Nacional de Ciências e Conselho Nacional de Pesquisas da América (considerado a suprema instância da ciência). Afirma que não se pode conseguir a prevenção da doença das coronárias por meios dietéticos ou a redução do colesterol por drogas, e que suas recomendações sobre estas medidas devem agora ser abandonadas![4] Os norte-americanos ciosos de sua dieta levaram um grande choque. E os membros do Conselho de Alimentos e Nutrição que elaboraram o relatório foram duramente castigados como se fossem hereges — *por fazerem recomendações que tanto destoavam das agências do governo federal.*

Outro exemplo foi dado por um dos que a princípio promoveram a hipótese do "pouca gordura, pouco colesterol", o professor Jens Dedichen, de Oslo. Ele admitiu francamente que a política da Noruega que promovia a redução do consumo de gorduras nos últimos 25 anos — e pela qual ele fora pessoalmente responsável — *não resultou na queda do número de mortes causadas pelas coronárias, tendo até ocorrido ligeiro aumento;* isto, a despeito do fato de o consumo de óleo de soja haver quintuplicado na Noruega. Ele também admitiu lamentar muito a ansiedade incutida na população por esta política, dizendo que durante aqueles 25 anos tornou-se cada vez mais claro que "estamos no caminho errado".[5] É desnecessário dizer que, por causa desta confissão, o professor Dedichen foi duramente censurado por seus colegas cientistas.

As constatações do professor Dedichen foram confirmadas por muitos estudos que não conseguiram apresentar provas convincentes da "hipótese das gorduras" e que, além disso, afirmaram que, embora o alto índice de colesterol no sangue esteja *associado* à doença das coronárias do coração, ele *não causa a* DCC.

O estudo mais recente e até agora o mais amplo e mais importante de todos foi feito nos EUA. Foi denominado MR FIT (*Multiple Risk Factor Intervention Trial*, ou Inquérito sobre a Intervenção do Fator Múltiplo de Risco), custou o equivalente a 70 milhões de libras, durou 10 anos e mobilizou dois grupos de 6 mil homens cada. Um grupo foi orientado a parar de fumar, reduzir o consumo de gorduras saturadas, ingerir mais gorduras poliinsaturadas e tomar um remédio para reduzir a pressão sangüínea. O outro grupo, que serviu de controle, não recebeu orientação específica alguma. O resultado ficou pronto em 1982 e revelou seu alto significado: ao fim de sete anos, não houve diferença nos índices de mortalidade por doenças cardíacas entre um grupo e outro. [6]

Este e outros resultados de estudos semelhantes convenceram muitos médicos da falácia da "hipótese das gorduras". Mas seus fanáticos continuam a promovê-la, chegando mesmo ao absurdo em alguns casos. Nos Estados Unidos, por exemplo, a Coca-Cola "está sendo agora recomendada a jovens norte-americanos para prevenir os efeitos das perigosas gorduras saturadas do leite". [7]

## Os riscos da dieta magra, de baixo colesterol

Essas dietas submetidas a experimentos clínicos não trouxeram o bem que delas se esperava, e apresentaram indícios de que fazem um mal inesperado. Exemplos:

- Notícias precedentes dos EUA dão conta do aumento de sua nocividade em pessoas que ingerem gorduras poliinsaturadas: óleos vegetais e recheios muito processados. [8]
- Cinco pacientes, que com todo o entusiasmo haviam adotado uma dieta para o coração, substituindo a manteiga por margarina poliinsaturada e usando óleos poliinsaturados na cozinha, apresentaram melanoma maligno, um tipo de câncer. [9]
- É grande o número de relatos que vinculam as dietas magras, de pouco colesterol, à formação de cálculos biliares. [10] Segundo o professor Borgstrom, eminente personalidade no campo da bioquímica das gorduras, "uma dieta rica em gorduras poliinsaturadas aumentará os riscos dos cálculos biliares". [11]
- Entre 1909 e 1961 registrou-se aumento vertical no número de mortes causadas por doenças do coração nos Estados Unidos.

Nesse mesmo período houve *elevação abrupta* do consumo de gorduras e óleos insaturados.[12]

• Recentes descobertas demonstraram que a redução muito drástica do colesterol "pode levar a alterações adversas em células idosas, fazendo-as não resistir ao assédio de doenças incipientes, não ligadas ao coração". Foi o que escreveu o doutor Cedric Carne no *Sunday Express* de 13 de fevereiro de 1983, acrescentando que "descobriu-se recentemente que o colesterol pode nos proteger de doenças não relacionadas com o coração!" Ele também escreveu no *Sunday Express* de 10 de fevereiro de 1974 que a crença de que o consumo de margarina e óleos vegetais reduz o colesterol e evita doenças do coração é "o grande mito dos médicos de nosso tempo".

*Gordura animal — consumida com parcimônia — não é, afinal de contas, o vilão da dieta atual!*

## Colesterol é vital para a saúde

O professor Ross Hume Hall declarou que "o colesterol é indispensável a toda célula viva, e não podemos viver sem ele. É a unidade de construção dos hormônios sexuais. O colesterol também ajuda na secreção dos ácidos biliares para a digestão.[13]

Todavia, não é *o volume* de colesterol que importa *no rompimento do equilíbrio entre o colesterol e a lecitina.* A lecitina emulsiona as gorduras — ajuda a prepará-las para a absorção. Não há mal nenhum em gêneros alimentícios que contenham colesterol natural, como por exemplo os ovos, cujas gemas, ricas em colesterol, também contêm muita lecitina e, ao mesmo tempo, muitas vitaminas e sais minerais. É tão grande a obsessão atual dos norte-americanos com o colesterol que existe hoje um culto dietético que manda seus adeptos lançarem a riquíssima gema de ovo na lata de lixo e conservarem apenas a clara para consumo. Uma vez que a clara do ovo é proteína de utilização duvidosa pelo corpo, temos exatamente aí o caso em que se atira fora o bebê junto com a água do banho! É significativo notar que os estudos sobre dieta revelaram que "acrescentar dois ovos todo dia à alimentação ou retirá-los da dieta não traz efeito algum nos níveis de colesterol do soro sangüíneo.[14]

### Colesterol e Vitamina C

Em *Science* (16 de fevereiro de 1973), um estudo da máxima importância feito pelo doutor Emil Ginter, do Instituto de Nutrição Humana de Bratislava, Theco-Eslováquia, revelou que a vitamina C é um elo importante na conversão do colesterol em valiosos ácidos biliares e que a *falta* de vitamina C pode causar alto índice de colesterol no soro sangüíneo e propiciar o início da aterosclerose. Segundo o estudo do doutor Ginter, o aumento da vitamina C implica mais ácidos biliares e isto significa que o colesterol permanece em solução e não se precipita sob a forma de cálculos biliares ou de "placas" arteriais.

Em *The Lancet* (11 de dezembro de 1971), uma pesquisa da patologista Constante Spittle, do Hospital Pindersfield, Wakefield, Yorkshire, revelou também a importância da vitamina C para o colesterol e os ácidos biliares. Suas experiências para testar a relação entre o consumo de vitamina C e os níveis de colesterol no soro trouxeram resultados muito interessantes. Nas pessoas sadias com menos de 25 anos de idade os índices médios de colesterol baixaram durante o período da terapia de vitamina C, mas em pacientes de aterosclerose a terapia de vitamina C induziu a elevação acentuada dos índices de colesterol. A doutora Spittle disse acreditar que isto se devia à "mobilização do colesterol arterial" — em outras palavras, o colesterol consolidado e ameaçador existente nas placas arteriais era desalojado e levado pelo sangue por causa da ação da vitamina C. Consoante estes resultados, a vitamina C pode ser portanto um remédio específico não apenas para *prevenir* a aterosclerose, mas também para tratá-la com eficácia, ainda que a doença não seja recente.

A julgar pelas descobertas do doutor Ginter e da doutora Spittle, se a dieta contiver vitamina C em abundância — como é o caso do regime de muitos vegetais e frutas recomendado neste livro — as carnes necessárias ao organismo podem ser consumidas e metabolizadas, porque assim não causam cálculos biliares, aterosclerose ou qualquer outro distúrbio.

## Gordura é vital para a saúde

A falecida Adelle Davis, eminente nutricionista norte-americana, descreveu como a gordura é importante para a saúde, principalmente para o funcionamento correto da vesícula biliar.

Em *Let's Eat Right to Keep Fit,* ela escreveu: "É necessária certa quantidade de gordura para estimular a secreção de bílis e da lipase, enzima que digere gorduras. Só quando a gordura penetra no intestino a vesícula biliar se esvazia vigorosamente. Sem gordura (isto é, sem gordura *natural*), forma-se muito pouca bilis e a vesícula biliar mantém sua reserva. Esta falta de esvaziamento pode ser fator que contribui para a formação de cálculos biliares". [15]

A gordura também é vital para a absorção das vitaminas A, D, E e K, solúveis em gorduras. Sem a presença de gordura e da bílis, tais vitaminas não conseguem atravessar a parede dos intestinos e se juntar ao sangue.

*É preciso repetir:* gordura natural não é o vilão da dieta moderna.

## Vilão é o açúcar refinado

Desde o início deste século, médicos, dentistas e nutricionistas preocupados com a nutrição fizeram muitas advertências categorizadas: o açúcar refinado compromete nossa saúde. Mas estas advertências encontraram ouvidos moucos até os anos 70, quando as pesquisas e trabalhos do capitão-cirurgião T. L. Cleave e seus colaboradores e adeptos apresentaram provas *inéditas* de que o açúcar refinado e outros carboidratos refinados, como pão branco e farinha branca, causavam doenças que destruíam o corpo humano.

Pelo conceito revolucionário do doutor Cleave, a grande maioria das doenças que afligem o homem moderno são apenas manifestações distintas de uma doença central que ele chama "doença sacarina" (aqui, sacarina nada tem a ver com o adoçante químico homônimo). Este conceito é tido como uma das mais importantes descobertas da Medicina neste século, na Inglaterra e no exterior. Vem sendo o responsável por uma assombrosa mudança no comportamento dos médicos a respeito da importância de alimentos ricos em fibras, como pão de trigo integral e farelo, em nossa dieta.

A expressão "doença sacarina" refere-se a todos os males que, segundo o doutor Cleave, devem-se à ingestão de açúcar, seja ele primário (o açúcar em si), seja secundário, como o amido contido na farinha branca e outros carboidratos refinados. Tais males compõem uma lista formidável de doenças vinculadas ao açúcar, inclusive *a doença das coronárias.* É significativo notar que o aumento abrupto da DCC desde o início deste século corresponde ao grande aumento do consumo de açúcar. Mas não ocorreu paralelamente um aumento enorme no consumo de gorduras, conquanto este também tenha crescido em níveis apreciáveis. Convém destacar que esse aumento não se refere a manteiga e outras gorduras de origem animal mas sim a margarinas e óleos de cozinha muito processados, ingeridos arbitrariamente em tantos alimentos atuais: batata frita, as fritas onipresentes em tudo, os alimentos instantâneos, pastéis, bolos, sorvetes (cujo consumo cresce, chegando a milhões de litros a cada ano), biscoitos etc.

O ligeiro aumento no número de mortes causadas por doença das coronárias no início dos anos 80 foi por isso atribuído ao maior consumo de gorduras processadas. Todavia, desde os anos 60 vem ocorrendo *queda marcante* no consumo de açúcar. Também tem havido *aumento marcante* no consumo de pão de trigo integral e farelo, ricos em fibras. Portanto, o consumo *total* de carboidratos refinados baixou nos últimos vinte anos. *Este é, com maior probabilidade, o fator responsável pela recente redução do número de mortes por doença das coronárias, e não o aumento no consumo de margarina e de óleos vegetais:* tal conclusão enquadra-se perfeitamente nos conceitos do doutor Cleave.

No seu livro *The Saccharine Disease,* [16] este apresenta argumentos e provas irrefutáveis que demonstraram como a "hipótese da gordura" é descabida. Revela o engano de se tratar a doença das coronárias como doença isolada e destaca que esta faz parte de um grupo de doenças inter-relacionadas que ocorrem muitas vezes junto com outras — especialmente diabete e obesidade — no mesmo paciente. Cleave tem a plena certeza de que "a chave da causa da trombose das coronárias reside na causa da diabete (e também da obesidade)". Também acredita que "a causa predominante" da diabete e da obesidade reside no consumo excessivo de carboidratos refinados, principalmente açúcar, porque a perda das fibras engana o apetite e traz sensação de saciedade, além de causar a absorção muito rápida e maciça dos alimentos.

É exatamente esta associação clínica com a diabete e a obesidade que condena o açúcar, não a gordura, como causa de doenças cardíacas. A confirmação de que a gordura não é a causa do mal foi dada pela observação acurada e documentada de certas tribos do Leste Africano — os Masais e os Samburus [18] —, que não sofrem das coronárias, embora suas dietas contenham enorme quantidade de gordura animal, pelos nossos padrões.

## Fibra é a chave da questão

*Na medida em que o teor de fibras aumenta na dieta, o nível de colesterol no sangue diminui.* Isto foi confirmado por experiências em animais e seres humanos. Alimentos ricos em fibras constituem assim importante fator de proteção contra doenças das coronárias. [19]

Lamentavelmente, a obsessão com os níveis de colesterol cegou os adversários das gorduras, fazendo-os limitarem-se à importância de uma dieta de alimentos integrais, com muita fibra e muito adequada em termos nutricionais. A "hipótese das gorduras" concentrou-se totalmente na prevenção pura e simples das doenças das coronárias por meio de *modificações das gorduras.*

Mais lamentável ainda é que tal obsessão retardou o reconhecimento de que essa dieta nutricionalmente adequada não apenas oferece um meio simples de prevenir doenças das coronárias e as doenças clinicamente associadas a ela, como também previne as outras muitas manifestações da "doença sacarina".

O doutor Walter W. Yellowlees, presidente da Sociedade McCarrison, que se dedica à nutrição, resumiu com sarcasmo o absurdo total dessas "modificações das gorduras" ao escrever:

> "A obsessão com os níveis de colesterol induziu alguns cultos dietéticos extraordinários. Estes nos levam a substituir a manteiga por margarina, a restringir nosso consumo de ovos, limitando-os a três por semana, e tornam pecado a ingestão de creme. (Nada é mais absurdo do que falar em framboesas com leite desnatado.) [20]

Não é preciso, portanto, deixar de usar laticínios nas receitas contidas nas partes Três e Quatro (exceto por razões de economia ou por instrução do médico), desde que se evitem os carboidratos e a dieta contenha alimentos integrais, frescos e ricos em fibra.

## Notas


1. Ross, H.H., *Food for Nought* (Alimento para Nada), Harper & Row, Nova Iorque, 1974.
2. Walker, N.W., *Natural Weight Control* (Controle Natural do Peso), O'Sullivan Woodside & Company, Phoenix, Arizona, 1981.
3. Yellowless, W.W., "A General Practitionar's View" (Opinião de um Clínico Geral), Seminário do Conselho de Informação sobre a Manteiga, janeiro de 1977.
4. McMichael, J., "Dietary Prevention of Ischaemic Heart Disease" (Prevenção da Doença Cardíaca Isquêmica por meio da Dieta), Correspondência, *British Medical Journal*, 16 de agosto de 1980, p. 517.
5. Dedichen, J., *T. Norske Laegeforen* (1976).
6. *Journal of the American Medical Association*, vol. 248, n.º 12 (24 de setembro de 1982).
7. *World Medicine* (27 de junho de 1981), p. 21.
8. *Medical News Tribune* (18 de dezembro de 1971).
9. *Medical Journal Australia* (18 de maio de 1974), p. 810.
10. *New England Journal of Medicine*, 1973.
11. Borgstrom, B., *Sartryk ur Livsmedeteknik* (1976).
12. Yellowless, W.W., "A General Practitioner's View" (Opinião de um Clínico Geral), Seminário do Conselho de Informação sobre a Manteiga, janeiro de 1972.
13. Pritikin, N., (Programa Pritikin de Dieta e Exercícios), Global Editora, 1983.
14. Brisson, Germain J., "Diet Lipids and Heart Disease — A General Review of Nutritional Evidence" (Lipídios da Dieta e Doenças do Coração — Reexame Geral de Evidências Nutricionais), *Diet and Heart Disease* (Dieta e Doenças Cardiácas), Relatório do Simpósio Internacional, Londres, 1982.
15. Davis, A., *Let's Eat Right to Keep Fit* (Comamos Direito para Ficar em Forma), Harcourt Brace and Company, Nova York, 1954.

16. Cleave, T.L., *The Saccharine Disease* (A Doença Sacarina), John Wright & Sons Ltd., Bristol, 1974.
17. *British Medical Journal* (31 de julho de 1971).
18. Shafer, A.G. e outros, *East African Medical Journal* (1969).
19. Trowell, H.C., *American Journal of Clinical Nutrition* (1972).
20. Yellowless, W.W., "James McKenzie Lecture 1978" (Conferência de 1978 na James McKenzie), *Journal of the Royal College of General Practitioners* (janeiro de 1979).

# 5

# A COMPROVAÇÃO

*Os seguintes casos clínicos e resumos de cartas fornecem provas dos muitos benefícios colhidos por adeptos da alimentação compatível. Espera-se que os leitores iniciantes no sistema constatem que os relatos são úteis e alentadores.*

Vinte e cinco anos atrás, Cathy foi-me encaminhada por seu médico, que admitiu francamente que as terapias convencionais nada podiam fazer em benefício dela. Ela sofria tanto de asma que estava prestes a abandonar o emprego — sua única fonte de subsistência. Poucas semanas após adotar alimentos compatíveis, sentiu-se tão bem que não apenas conservou o emprego: arranjou outro, no qual trabalharia três vezes por semana, à noite. Desde então permaneceu fervorosa adepta do sistema e nunca mais olhou para trás. Seu médico ficou maravilhado e logo me encaminhou outro paciente!

Barbara era acometida de doenças por quase dez anos: diarréia (cólon irritável), alergia a carne bovina, queijo, leite, creme, chá e café; palpitação (taquicardia), para cujo tratamento receitaram uma droga que a tornou muito doente. O tratamento a que fora submetida por um alergista não trouxera grande ajuda. Sua saúde se deteriorou. Ela estava sempre cansada, mental e fisicamente, sem interesse algum pela vida. Em desespero, começou a ingerir misturas alimentares compatíveis e *no prazo de dois dias,* para sua grande surpresa, começou a sentir-se melhor. Em treze dias, os testes epidérmicos quinzenais para verificação da alergia deram resultado negativo pela primeira vez. Aos dezesseis dias escreveu dizendo que não apenas sentia-se melhor, como também nunca tivera aparência tão boa. Ao fim de dois meses, já podia ingerir a maioria dos alimentos que antes lhe causavam problemas.

Durante oito anos, Anna fora atormentada por alergias a muitos alimentos e tinha uma doença de pele relacionada às alergias. Consultou um especialista após outro, mas não experimentou melhora. Dois meses depois de adotar a alimentação compatível, a doença de pele desapareceu por completo e ela podia comer virtualmente todos os alimentos aos quais era antes alérgica. É significativo notar que nenhum especialista fizera sugestão alguma sobre a dieta.

"Porque estava louca para encontrar um remédio para indigestão (que me acordava quase toda noite no início da madrugada), decidi tentar — embora sem muita esperança de êxito — a dieta do 'Não Misture Alimentos que se Chocam'. Devo agora confessar que os resultados foram notáveis! Em duas semanas havia emagrecido dois quilos e setecentos gramas (o aumento de peso vinha insinuando-se em mim, tornando-me balofa na meia-idade). Não senti fome nem um pouco. As dores reumáticas de minhas mãos melhoraram, e nem meu marido nem eu contraímos um só resfriado, apesar de muita gente ficar resfriada em nosso escritório, durante todo o inverno. Sou portanto, muito grata por ter tido a descoberta que me levou à melhor saúde e digestão."

"Aos cinco anos comecei a sofrer de asma. Afinal fiquei livre dela aos quatorze anos, por ler livros sobre saúde e adquirir conhecimentos sobre o mal que a farinha branca faz. Nos oito anos desde então tive que enfrentar uma reação alérgica a alimentos que resultou em erupções da pele. Assim que eu identificava e suprimia o alimento causador, aparecia outro fazendo o mesmo mal. No *primeiro dia* de 'alimentação compatível' notei grande melhora na reação de minha pele e posso agora ingerir todos os alimentos antes proibidos, sem ter qualquer sinal de erupção. Estou maravilhado com os resultados. Não é difícil seguir este regime quando o resultado é a boa saúde."

"Os alimentos que agora consumo já melhoraram minha saúde, e tenho certeza de que continuarão a fazê-lo. Senti-me muito mais em forma *tão logo* iniciei este tipo de alimentação. Mais uma vez, obrigado."

"Foi por seguir seus conselhos vinte anos atrás que curamos a tosse constante de nosso filho mais velho (que ficava três dias na escola e precisava faltar três dias), quando os especialistas e médicos fracassaram, dizendo que talvez ele superasse o problema quando tivesse doze anos. Na época ele tinha apenas sete!"

"Estou pondo em prática a alimentação compatível. Minha artrite já não causa tanta rigidez nas articulações e perdi um quilo e oitocentos gramas. Isto, em poucos dias. Sou muito grato!"

"Não tenho dúvida de que a dieta já me beneficia. Fazia anos que não me sentia tão bem e tão feliz. Na verdade, agora, aos sessenta anos, sinto-me dez anos mais moça do que quando tinha cinqüenta... Minha recuperação parece um milagre, e todo dia agradeço a Deus quando, toda feliz, cumpro minhas tarefas domésticas ou faço longas caminhadas no campo. É bom estar viva e bem, desfrutando o prazer que tudo dá."

"Três anos atrás fui seriamente acometida de anemia aplástica porque minha medula óssea não produzia os corpúsculos vermelhos do sangue de que eu precisava. Não tinha energia, não podia fazer longas caminhadas nem trabalhar muito. Algumas de minhas amigas pensaram que eu fosse morrer.

"Embora minha especialista me prestasse toda a assistência, disse que *meu caso não tinha cura* e que eu precisaria receber transfusões de sangue pelo resto da vida. Recebia-as no hospital cada cinco semanas e meia, mas as perspectivas pareciam sombrias.

"Mas não aceitei o fato de que era incurável. Durante algum tempo estivera pesquisando em busca de uma dieta saudável, especialmente depois de ler *Your Daily Food*. Assim fui a um naturopata credenciado, que me colocou numa dieta que adotava todos os princípios da senhora. Daí a três meses o espaço entre uma transfusão e outra tornou-se mais longo, enquanto permaneci hospitalizada durante dezoito semanas. Então recebi minha vigésima e última transfusão. Dezoito meses após iniciar a dieta, minha medula óssea começou a funcionar de novo e minhas hemoglobinas (corpúsculos celulares vermelhos) foram aumentando em número e, daí a dois meses, continuavam a aumentar. Sinto-me tão bem que ainda recentemente pude percorrer sem fadiga as Montanhas Rochosas, no Canadá. Tenho certeza de que a dieta ajudou em minha cura e sou-lhe eternamente grata."

*Quatro meses depois, a mesma autora dessa carta escreveu:*

"Estou certa de que a senhora gostará de saber como me sinto bem. Fiz grandes progressos desde que lhe escrevi em dezembro. A contagem dos glóbulos vermelhos de meu sangue deu um grande salto e o especialista diz que devo ter atingido o índice normal numa mulher da minha idade (65 anos). O certo é que me sinto maravilhosamente bem e que muito me espanto ao recordar como estava enferma há três anos, ocasião em que o especialista deu a entender que eu não tinha esperança de cura."

"No verão passado, forneci seu regime 'Não misture alimentos que se chocam' a uma de nossas pacientes que sofria muito de psoríase — uma terrível doença de pele. Não acreditava que ela fosse seguir o regime. Mas recebemos esta semana (dezembro de 1982) uma carta dela dizendo que seguiu seus conselhos e que a pele está notavelmente melhor! E o trabalho com a paciente continua."

"Meu marido e eu seguimos rigorosamente seu sistema de alimentação compatível... Conforme a senhora disse, é um estilo de vida, não uma dieta, e sinto-me muito bem e cheia de energia. Emagrecemos o que precisávamos e agora estou realmente convencida da importância de separar na dieta os carboidratos das proteínas."

"Minha mãe informou com ar de triunfo que depois de seguir a alimentação compatível por quatro semanas emagreceu dois quilos e setecentos gramas sem esforço e sem ter fome. Há muitos anos que não se sentia tão em forma."

"Embora tenha sido um vegetariano e reformador dos hábitos alimentares nos últimos dez anos, minha saúde nunca esteve tão boa quanto agora. Estava muito descontente com ela porque queria muito falar às pessoas de minhas relações sobre os benefícios da reforma alimentar. A senhora apontou meu erro — e, suponho, o erro de muitos outros, especialmente dos que deixam de comer carne: *o excesso de amido.* Eu comia pão, pão integral. Uma vez que isso era "bom para mim", eu simplesmente abusava, *consumindo-o em todas as refeições e entre as refeições*! Sentia-me cada vez mais cansado, sem uma verdadeira '*joie de vivre*'. Estou convencido de que a teoria amido-proteína é absolutamente exata e que a digestão parece muito mais fácil uma semana depois da separação dos alimentos incompatíveis."

"Vimos adotando a 'dieta da proteína ou do amido exclusivo em cada refeição' há algum tempo, e parece que colhemos consideráveis benefícios. Os resultados falam por si mesmos. Meu marido e eu notamos diferença muito rápida entre ingerir uma refeição 'normal' (proteína e amidos) e uma de combinação compatível. Depois de uma refeição 'ortodoxa' ocasional — quando nosso esquema de trabalho é muito apertado —, arrotamos, ficamos cheios de gases e de acidez na garganta e estômago, ao passo que nos sentimos muito bem depois da refeição que a senhora sugeriu."

"Desde novembro passado eu caminhava com grande dificuldade depois de ficar sentada por breves momentos. Poucos dias depois de iniciar a alimentação compatível, era capaz de me movimentar sem dores (é verdade!). Minhas amigas e eu ficamos estupefatas. Meu marido ficou maravilhado e entrou comigo na dieta durante as primeiras semanas. Conseqüência: ele emagreceu 9,5 quilos. Também eu, que pesava 65,7 quilos, peso agora 52,6 quilos. Houve há pouco tempo um incidente divertido: enquanto aguardávamos para deixar o hotel, uma senhora teceu comentários sobre o alimento que eu levava na cesta, dizendo que gostaria de poder consumir coisas assim (aveia, mel, creme, pão de centeio, manteiga). Não resisti ao impulso de lhe falar sobre o Sistema Hay. Sou muito grata por ter iniciado esta forma de alimentação porque, sem ela, ainda estaria pesando 65,7 quilos (no mínimo!) e sentindo problemas nos joelhos. Posso dizer com toda a honestidade que o sistema alterou por completo minha perspectiva de vida. Sinto-me maravilhosa. Obrigada."

As experiências relatadas nestas cartas e num número incontável de outras que recebi nos últimos quarenta anos são a prova convincente do poder intrínseco do corpo para se cicatrizar, fortalecer e restaurar. Removendo muitos obstáculos do caminho deste poder, a alimentação compatível libera a maravilhosa capacidade que o corpo tem de se renovar e se livrar da doença. *Já estava realmente demorando uma reavaliação do Sistema Hay.*

# SEGUNDA PARTE

# O SISTEMA HAY NA PRÁTICA

Jean Joice

# 6

# COMO COMEÇAR

A flexibilidade é o encanto do Sistema Hay. Não se trata de uma dieta rígida para ser tolerada, mas de um modo delicioso de alimentação para a saúde e o bem-estar, que a pessoa pode desfrutar indefinidamente.

Embora esta seção do livro inclua menus e receitas que ajudam os novos adeptos a se iniciarem no sistema, espera-se que os leitores adaptem as receitas que mais lhes agradem e encontrem novos meios imaginosos de servir a vasta gama de deliciosos alimentos naturais à sua disposição, dentro de cada estação do ano. São muitos hoje os livros que contêm idéias criativas para preparo das frutas e hortaliças, tão importantes para o Sistema Hay.

O mapa de alimentos compatíveis, também no final do livro, ajudará você a associar refeições até que esta forma de alimentação esteja totalmente assimilada.

As regras do Sistema Hay, plenamente explicadas no Capítulo Dois, são muito simples:

1. Amidos e açúcares não devem ser ingeridos com proteínas e frutas ácidas na mesma refeição.
2. Hortaliças, saladas e frutas devem representar a maior parte da dieta.

3. Proteínas, amidos e gorduras devem ser consumidos em pequenas quantidades.
4. Só se devem usar cereais integrais e amidos não processados. Devem-se eliminar da dieta todos os alimentos refinados e processados. Isto se aplica especialmente à farinha branca, açúcar e todos os alimentos que os contenham, todas as gorduras muito processadas, como a margarina, e todos os alimentos e bebidas carregados de colorantes e adoçantes, como o suco de laranja engarrafado.
5. É preciso deixar passar de quatro a quatro horas e meia entre as refeições de características distintas.

Para se colocar mais facilmente estas regras em prática e se conseguir a proporção ideal de quatro partes de alimentos alcalinizantes (hortaliças, saladas e frutas frescas) para uma parte de alimentos acidificantes (carne, peixe, ovos, queijo e cereais), convém organizar o menu diário de tal forma que as proteínas de origem animal sejam consumidas apenas uma vez por dia, os amidos de cereais consumidos apenas uma vez por dia e a terceira refeição não contenha nenhum desses dois grupos, consistindo apenas em frutas com leite ou iogurte. É em geral da máxima conveniência tomar esta refeição essencialmente alcalinizante no desjejum, mas, caso a pessoa prefira um desjejum de amido, poderá tomar uma refeição alcalinizante, de salada, frutas e iogurte, ao meio-dia ou no final da tarde. Uma ampla lista de alimentos alcalinizantes acha-se no final do livro para ajudá-lo a escolher os itens alimentares desta refeição muito importante.

Outra característica, talvez inesperada, do Sistema Hay é que, embora ele exclua todos os alimentos muito processados, o tempo de que a pessoa precisa para preparar a refeição é em geral menor do que o requerido pela refeição convencional cozida e mista. As refeições são mais simples e mais fáceis de preparar, por conterem muitas frutas e hortaliças cruas, que possuem intactas as enzimas, sais minerais e vitaminas que propiciam saúde. O doutor Hay destacava que as refeições simples são muito melhores para a saúde porque pesam menos no sistema digestivo. Os menus sugeridos são, portanto, refeições de dois pratos que consistem em geral de um prato principal com salada ou hortaliças recém-cozidas, seguido de frutas frescas da época. A refeição de três pratos que consiste de uma entrada, um prato principal e pudim deve ser considerada exceção para os fins de semana, feriados ou recepções. Os que submeterem o sistema a um teste sincero surpreender-se-ão ao descobrir quão gratificante e deliciosa esta nova forma de alimentação pode ser, e como os "prazeres" do açúcar deixam de ser uma necessidade tão logo são abandonados.

As páginas seguintes relacionam os alimentos recomendados para as refeições protéicas, amiláceas e alcalinas. Têm ainda uma "lista negra" dos alimentos a evitar. Infelizmente esta lista é mais extensa do que a existente no tempo em que o doutor Hay escrevia, por causa do tremendo avanço da tecnologia no setor dos alimentos e do número cada vez maior de aditivos sintéticos usados no processamento dos gêneros alimentícios. Convém evitar os alimentos industrializados não apenas por causa dos inúmeros aditivos que contêm, mas também porque eles já perderam seu complemento natural de fibras, vitaminas e sais minerais *nas proporções corretas entre si*. Eis um fator da máxima importância tantas vezes negligenciado, pois todos os alimentos integrais naturais contêm os micronutrientes essenciais para sua metabolização completa.

Caso o leitor considere um tanto desanimadora a lista dos "alimentos a evitar", será então melhor concentrar-se no grande número de alimentos deliciosos das listas dos recomendados — muitos dos quais agora mais fáceis de encontrar graças à percepção crescente da importância do princípio da "totalidade" no cultivo e preparo dos alimentos.

## ALIMENTOS PERMITIDOS

### Alimentos para uma refeição protéica

*Proteínas*

Carnes de todo tipo
Peixe
Ostras
Galinha
Caça
Ovos caipiras

Castanhas *
Cogumelos
Sementes *
Leite ** fresco (não homogeneizado)
Iogurte

*Gorduras* ***
Manteiga
Creme de leite
Gema de ovo
Azeite de oliva (extraído a frio)
Óleo de girassol (extraído a frio)

*Sucedâneos do açúcar*
Suco de laranja diluído
Mel (com parcimônia rigorosa)
Xarope de bordo (com parcimônia rigorosa)
Passas e suco de passas *

*Vegetais*
Todas as verduras
Todos os vegetais de raiz (exceto batatas)
Cogumelos
(Espinafre e tomates *cozidos*: convém consumi-los apenas uma vez por semana por serem muito ácidos)

*Frutas*
Maçã
Damasco
Mirtilo azul
Cereja
Toranja
Uva
Limão
Manga
Nectarina
Pêra
Pêssego
Ameixa seca
Framboesa
Morango
Tangerina

*Para saladas*
Abacate
Beterraba
Repolho
Cenoura
Aipo
Chicória
Pepino
Raiz de funcho
Leguminosas (brotadas)
Mostarda e agrião
Alface
Salsa
Pimenta verde
Pimenta vermelha
Rabanete
Sementes (brotadas)
Tomate

*Guarnições de saladas*
Guarnição francesa
Guarnição de creme
Maionese (feita em casa)
Use caldo de limão ou vinagre de sidra

---

* *Notas:* Passas, castanhas, sementes, gorduras, vegetais e os ingredientes para saladas combinam com todas as refeições.

** *Leite* deve ser usado com moderação pelos adultos. A natureza destinou-o aos filhotes de mamíferos! Nos adultos ele pode ser um grande gerador de catarro. O leite combina melhor com frutas, vegetais e saladas, mas pode-se empregá-lo em pequenas quantidades com amidos e proteínas.

*** *Gorduras:* Toda gordura é usada em pequena quantidade. Embora o creme entre em algumas receitas, é quase sempre usado *no lugar de* outra gordura, possivelmente mais concentrada, como a manteiga. Se adotado corretamente, o Sistema Hay é um meio alimentar com baixo teor de gorduras, eliminando automaticamente as "gorduras ocultas" de certos alimentos.

**Alimentos para uma refeição amilácea**

*Cereais e grãos*

Cereais integrais: trigo, aveia, centeio, arroz (integral), cevada, milho, painço, trigo-mourisco (sarraceno)
Pão feito de farinha 100% integral
Farinha integral (de 85 a 100%)

*Frutas doces*

(Convém que todas as frutas estejam bem maduras)
Banana
Tâmara
Figo (fresco ou seco)
Uva (só as variedades bem doces)
Mamão (bem maduro)
Pêra (variedades bem doces)
Passa

*Leite*

(Usar com muita parcimônia)

*Ovos*

Apenas a gema; mas faça uma concessão de vez em quando e use ovos com clara

*Gorduras*

(Para refeição protéica)
Manteiga
Creme de leite
Gema de ovo
Azeite de oliva (extraído a frio)
Óleo de girassol (extraído a frio)

*Vegetais*

Todas as verduras
Todos os vegetais de raiz
Batatas (cozidas na casca; ingerir as cascas)
Cogumelos

*Açúcares*

Mel
Melaço
Xarope de bordo (não sintético)
Açúcar mascavo (qualquer açúcar deve ser usado com muita parcimônia. Evitar os açúcares "ocultos" em alimentos como o iogurte aromatizado, os sucos de frutas enlatados etc.)

*Guarnições de saladas*

Creme natural ou azedo
Azeite de oliva (extraído a frio)
Tomate cru esmagado, misturado com óleo, páprica e tempero
Deve-se consumir diariamente germe de trigo não processado e farelo de cereais.

**Alimentos para uma refeição alcalina**

Adote a lista de frutas ácidas, leite ou iogurte destinados à refeição protéica. Inclua todas as verduras e vegetais de raiz; todos os vegetais para saladas; gorduras destinadas a refeição protéica; sementes como as de girassol, amêndoas, sementes em geral e de leguminosas, em ambos os casos brotadas.

Uma versão amilácea da refeição alcalina pode consistir de batatas cozidas com a casca (estas devem ser ingeridas), servidas com manteiga e acompanhadas de uma salada ou de verduras cozidas. Para arrematar esta refeição, pode-se escolher qualquer fruta da lista das refeições amiláceas.

**Bebidas**

O melhor é nada beber nas refeições. Deve-se adotar sempre esta regra: beber apenas quando se tem sede. No entanto, se for difícil ficar sem bebida, as seguintes sugestões podem ajudar:

*Para uma refeição protéica:*

Chá ou café fraco (não instantâneo), mas nenhum café de cereal como sucedâneo. O chá do Ceilão, com baixo teor de tanino, ou o chá-mate, são melhores que os muito fortes. Os chás de ervas são excelentes. Deve-se tomar qualquer chá sem açúcar.

Sucos de frutas feitos de frutas ácidas e frescas, de preferência diluídas num pouquinho de água. Suco de maçã com água mineral alivia muito bem a sede no verão.

Não tome leite com uma refeição de carne. Considere o leite um alimento, não bebida, e tome-o com moderação.

*Para uma refeição amilácea:*

Pode-se tomar chá, café ou chás de ervas conforme citado antes, além dos cafés de cereais, como sucedâneos.

Suco fresco de tomate e suco de vegetais crus, mas não sucos de frutas ácidas. No entanto, permite-se o suco de uvas bem doces.

*Para uma refeição alcalinizante:*

O mesmo sugerido para uma refeição protéica. Mas, como o leite combina melhor com frutas e vegetais, deve ser ingerido com um desjejum de frutas.

**Alimentos proibidos**

Todos os carboidratos refinados: açúcares sob qualquer de suas formas, especialmente o açúcar branco e todos os alimentos e bebidas que o contenham.

Carboidratos refinados também significam farinha branca e todos os alimentos feitos com ela, como pão, bolo, biscoito, massas e pudins; também arroz branco e outros itens feculentos como sagu e farinha de mandioca.

Evitar refrigerantes gasosos, sucos adoçados com frutas e todas as bebidas de frutas engarrafadas, até mesmo as chamadas "bebidas para a saúde", como xarope de cápsulas de rosa ou refrigerantes de groselheira-preta, pois contêm açúcar em doses apreciáveis. (Uma marca popular, não diluída, contém 60% de açúcar.) Fique alerta, especialmente contra os açúcares "ocultos".

Leia com atenção todos os rótulos dos alimentos, pois pode haver açúcar em muitos alimentos nos quais não espera encontrá-lo. A maioria das farinhas de cereais promovidas como "alimentos saudáveis" contêm até 26% de açúcar. Os cereais "ricos em fibras" também possuem muito açúcar; em sua maioria, os sorvetes comerciais contêm mais de 20% de açúcar; o *ketchup* de tomate, acima de 20%; e o creme para saladas, 18%. Algumas conservas doces contêm acima de 30% de açúcar; a maioria dos iogurtes de frutas, mas de 10%; e os refrigerantes tipo Cola, 10%. Até mesmo o quase inocente feijão ao forno, que não contém aditivos, tem 5% de açúcar, e muitos dos biscoitos nos quais os bebês afiam os dentes contêm até 30% de açúcar. O açúcar também está presente em muitos dentifrícios.

Deve-se evitar a maioria dos alimentos industrializados e instantâneos por causa dos aditivos que contêm. Trata-se de colorantes, conservantes, aromatizantes, emulsificadores e estabilizadores adicionados pelos produtores para "melhorar" a aparência e o sabor, além de prolongar a vida do alimento. Embora os novos aditivos sintéticos passem por testes rigorosos, ninguém sabe na verdade qual será seu efeito a longo prazo sobre o corpo humano, nem qual o sinergismo resultante de um número cada vez maior de aditivos. Muitos estão sob críticas, acusados de causarem hiperatividade em crianças. Os alimentos muito coloridos são especialmente perigosos sob este aspecto.

Eis os oito grandes grupos de aditivos: sabores e estimulantes do sabor, como o glutamato monossódico; engrossadores e estabilizadores; emulsificadores; ácidos alimentares; corantes; conservantes; antioxidantes e adoçantes. Só existe uma regra segura: ler todos os rótulos dos alimentos e evitar todo produto que contenha qualquer destes aditivos. Infelizmente isso não é tão fácil no Reino Unido, pois muitas dessas substâncias aparecem apenas em códigos. Por exemplo, os antioxidantes BHA (butilato de hidroxianisol) e BHT (butilato de hidroxitolueno) figuram nas embalagens alimentares como E320 e E321, respectivamente. A segurança do uso destes aditivos é questionada desde que tais substâncias foram introduzidas no mercado no início dos anos 50. O BHT foi proibido em muitos países depois que as experiências indicaram que ele pode induzir a lesões hepáticas e renais e ao aumento de gordura e colesterol no sangue. Ainda é usado no Reino Unido, mas não em fórmulas para bebês.

Quem quiser um relato detalhado e explícito sobre os aditivos existentes em alimentos industrializados na Inglaterra, ficará satisfeito se ler *The Right Way to Eat* de Miriam Polunin (J.M. Dent, 1978). Outros alimentos a evitar por causa de seus aditivos são: frutas secas conservadas com bióxido de enxofre, e carnes em conserva, entre elas o bacon, que contém nitrato de sódio e nitrito de sódio, os quais, sob certas circunstâncias, podem induzir ao câncer.

É preciso evitar virtualmente todos os alimentos enlatados; ovos e galinhas de granja; conservas; leguminosas (exceto as brotadas); ruibarbo e ameixa (por causa de sua elevada acidez). Deve-se reduzir ao máximo o uso de sal, suprimindo-se por completo alimentos muito salgados como o amendoim.

Devem-se ainda evitar frituras, exceto em ocasiões muito especiais. Nunca se deve tomar café instantâneo. Pode-se consumir com parcimônia o chá ou café de coador cujos grãos tenham passado por moagem recente.

**Despensa básica do Sistema Hay**

*Frutas, vegetais e ingredientes para saladas.* O bom-senso manda comprar apenas o que você precisa, com pouca antecedência, especialmente quando se tratar de frutas e vegetais frescos. Compre, se possível, vegetais de cultivo orgânico ou os cultive você mesmo. Hortaliças começam a se deteriorar no momento em que são colhidas, motivo pelo qual adquira as mais frescas que encontrar e conserve na geladeira, se houver espaço, ou em local fresco, até o momento do preparo. Todas as frutas e vegetais, especialmente de fontes não-orgânicas, devem ser muito bem lavados. No caso de maçãs, pêras etc., convém descascá-las.

*Grãos e farinhas de trigo integral* também devem ficar em local fresco e ser usados no prazo máximo de três meses. Grãos e farinhas integrais que contêm o germe não duram indefinidamente e precisam ser consumidos o mais rápido possível. O mesmo se aplica ao arroz integral e massas integrais para macarrão e espagueti, às sementes e castanhas, especialmente as descascadas, mesmo quando embaladas a vácuo.

*Germe fresco de trigo* é suplemento alimentar muito valioso que contém vitaminas do complexo B, vitamina E e ácidos graxos essenciais. Compre apenas de um fornecedor que renove o estoque com rapidez e conserve na geladeira, pois o germe de trigo logo fica rançoso. Pode-se polvilhá-lo em cereais ou usá-lo como sucedâneo da farinha de rosca na cozinha.

*Farelo* é outro reforço da dieta. Mas, quando se consome pão de trigo integral e muitos vegetais, já se adiciona à dieta fibra suficiente para resolver qualquer problema de prisão de ventre sem a necessidade de farelo extra. No entanto, além de fornecer fibras, o farelo é também fonte excelente de vitamina B1, cálcio e ferro. Também é necessário guardá-lo na geladeira.

*Farinha de Aveia* (média) é útil no preparo rápido de um delicioso mingau e para se fazer bolinhos. Fica mais barato que os cereais empacotados e é mais nutritiva. Pode-se usar aveia em flocos como ingrediente de mingau.

*Fermento seco* para fazer pão. Ele dura bem e é bom substituto do fermento fresco, caso este seja difícil de obter.

*Gorduras e óleos.* Use apenas manteiga fresca, sem sal ou só levemente salgada, e óleo de girassol prensado a frio ou azeite de oliva de primeira.

É preciso reduzir o consumo de todas as gorduras. Não se devem fritar os alimentos. A gordura é digerida com maior facilidade se foi pouco aquecida durante seu processamento. (Todas as margarinas são muito processadas; ver Capítulo Quatro.) Manteiga fresca e óleos vegetais contêm os importantes ácidos graxos essenciais e as vitaminas A, D e E, solúveis em gorduras, cuja absorção depende dos ácidos graxos essenciais. Manteigas e óleos do verão, de boa procedência, contém o máximo de vitaminas A e E. Repetimos: Compre-os apenas para uso imediato e conserve na geladeira. Também se pode estocar manteiga fresca no congelador.

*Sal marinho* contém valiosos microelementos, mas deve-se consumi-lo com muita parcimônia. A grande maioria das pessoas consome sal em demasia. Precisam reduzir seu uso ao máximo. O emprego de ervas secas ou frescas pode ajudá-lo em muito a reduzir a necessidade de sal.

*Mel.* Desde que ele seja de produção orgânica e não misturado com açúcar, o mel pode ser usado de vez em quando como adoçante.

*Vinagre de maçã* é o único que se deve usar nas guarnições para saladas. Nunca se deve empregar o vinagre de malte.

*Frutas secas* são muito úteis como adoçantes naturais, especialmente passas e tâmaras, mas procure adquirir frutas que não passaram por tratamento químico. O bióxido de enxofre usado para conservar frutas secas destrói a vitamina B1 (tiamina) do corpo e pode ter interação negativa com outros aditivos químicos. Passas secas ao sol e isentas de qualquer aditivo, além de tâmaras em fatias procedentes de culturas orgânicas, são bons sucedâneos do lanche das crianças. Se não puder conseguir frutas de cultivo orgânico e secas ao sol, trate de lavar as frutas secas em água fervente. A seguir enxague com água fria para consumir.

*Arroz integral natural* é rico em vitaminas B e E. Contém de três a quatro vezes mais vitaminas B do que o arroz branco. Tente adquirir arroz integral cultivado organicamente. Tem sabor muito melhor e compensa pagar um pouco mais por ele.

*Extratos de levedura e de vegetais* são excelentes como recheios de sanduíches ou para aromatizar sopas, cozidos ou caldos.

*Pão.* Não poupe esforços: trate de assar seu próprio pão, usando o método Grant, que é rápido, conforme verá pela receita na seção dos amiláceos. Embora as vendas de pão "preto" tenham crescido nos últimos anos, persiste grande confusão sobre o que seja de fato um pão de trigo integral feito com farinha 100% de trigo. Se tiver um padeiro em quem confie, poderá verificar os ingredientes do produto; mas, se não tiver certeza, é melhor agir por conta própria! Algumas cadeias de panificadoras produzem pão integral, mas também estes contêm emulsificadores, antioxidantes permitidos e gordura. Além do mais, a farinha integral de que o pão é feito não resultou de trigo cultivado organicamente. A grande maioria de lojas de alimentos naturais já é capaz de fornecer farinha integral de trigo que teve cultivo orgânico. O pão que forneça todas as vitaminas, sais minerais e fibras naturais existentes no trigo integral é indispensável à boa saúde.

*Carne, ovos e queijo.* Por sorte, aumenta a procura de carne de animais criados naturalmente, sem hormônios ou antibióticos em sua ração. Claro que a carne de vaca, carneiro e galinha produzida pelos métodos tradicionais é mais cara, mas a carne tem melhor sabor e, como você não precisará muito dela no Sistema Hay, o custo geral não será maior que o representado pelo consumo de alimentos protéicos que o supermercado oferece. Vale a pena não poupar esforços na busca de produtores orgânicos de carne bovina, galinha, ovos e queijo caipiras.

Embora não se possa armazenar frutas e certas hortaliças, *pode-se* comprar carne a granel e congelá-la. De outra parte, vale a pena descobrir alguém que produza batatas e outras raízes comestíveis, pelo método orgânico, para armazenar na entressafra, se você não puder fazer seus próprios cultivos.

*Batatas* são um alimento cômodo *par excellence*. Elas contribuem para melhorar a dieta, eliminando em grande parte o emprego de amidos de cereais. Contêm mais cálcio, fósforo, ferro e vitaminas B do que os cereais moídos. O Sistema Hay promove-as a uma posição de honra como o prato principal, acompanhado por vegetais ou saladas. Você encontrará sugestões sobre pratos de batatas na seção de receitas de amiláceos. A parte mais importante da batata é a que fica logo abaixo da casca. Já se fez o cálculo de que uma família média que atira fora as cascas de batatas perde os sais de ferro contidos em 500 ovos, proteínas existentes em sessenta bifes e vitamina C contida em cinco copos de suco de laranja. Por isso, tente adquirir batatas de cultivo orgânico. Elas se conservam bem em local fresco e escuro, daí você poder comprar muito de uma só vez, para consumir na entressafra. Melhor ainda se puder cultivá-las.

O aroma de batatas cultivadas organicamente é superior ao das que têm cultivo químico; e não há o risco de as cascas terem sido tratadas com produtos que impedem o brotamento. Se tiver dúvidas sobre a procedência das batatas que compra, esfregue *muito bem* as cascas antes de cozinhá-las.

*Castanhas:* É melhor adquiri-las com casca e só descascá-las no momento do consumo. Com a casca elas duram bem por certo tempo. Tão logo descascadas, precisam ser consumidas, pois sua exposição à luz torna seu óleo rançoso. Elas se conservam bem no congelador.

Castanhas são um alimento muito concentrado que contêm gorduras e proteínas. Trata-se de alimento impossível de adulterar, que pode substituir a proteína animal. A proteína contida em 23 gramas de castanhas equivale à existente em 30 gramas de carne ou peixe. Em sua maioria as castanhas contêm gordura insaturada, exceto o coco e a castanha de caju, cuja gordura é saturada. Todas as castanhas contêm carboidratos e fibras. Combinam melhor com vegetais, saladas ou frutas.

Uma das castanhas mais valiosas é a amêndoa-doce que praticamente não contém amido. Tem de 50 a 55% de gordura e em torno de 20% de proteínas. As amêndoas são ricas em magnésio, ferro e potássio, mas pobres em sódio. A amêndoa entra no grupo dos alimentos alcalinizantes.

Outras valiosas castanhas alcalinizantes são a avelã e a castanha-do-pará. A castanha-da-índia é também alimento alcalinizante, mas seu teor de amido é muito maior e seu teor de proteínas e gorduras é muito menor. Portanto, não se deve usar a castanha-da-índia para substituir a proteína da carne, e não convém combiná-la com alimentos protéicos ou frutas ácidas.

O amendoim, que é na verdade uma leguminosa (não sendo, portanto, recomendado), a castanha-de-caju, a noz-pecã e a noz comum são acidificantes. Todos contêm proteína em volumes valiosos. A noz-pecã tem importância especial por causa de sua fácil digestão, sendo portanto muito indicada para os idosos. É cara, mas bastam quarenta gramas para substituir a porção média de carne por pessoa. Todas as castanhas são boa fonte de vitaminas B e E. Também contêm cálcio, fósforo e potássio. Cuidado com as manteigas comerciais, em geral extraídas de castanhas muito torradas, além de conterem muito sal. São geralmente muito acidificantes, especialmente a manteiga de amendoim.

*Sementes* como as de girassol, moranga e gergelim são excelentes fontes de proteínas, ácidos graxos essenciais, vitaminas, sais minerais e microelementos. São ricas em magnésio e cálcio. As sementes de moranga são ricas em vitaminas B, fósforo, ferro e zinco. Sementes de gergelim são especialmente ricas em cálcio e vitamina E. Sementes de girassol são também ricas em vitamina E, bem como vitaminas do complexo B e sais de ferro, magnésio e zinco. Em seu livro *The Joy of Beauty* (Century Publishing, Londres, 1983), Leslie Kenton sugere triturar quantidades idênticas de sementes de girassol, gergelim e moranga, conservar na geladeira e juntar uma colher, de sobremesa, dessa mistura ao prato do desjejum. Todas estas sementes são também ótimas como lanches entre as principais refeições. Compre apenas a quantidade de que precisa para emprego imediato, pois logo ficam rançosas quando expostas ao ar.

*Alimentos crus são vitais.* Consuma o máximo de alimentos crus que puder. Inclua pelo menos uma salada diária, composta de frutas, verduras e raízes cruas. Consuma todas as frutas em seu estado bruto, o máximo que puder.

Apenas alimentos crus fornecem todo o complemento de vitaminas, sais mineirais e fibras. O calor reduz imediatamente e muitas vezes destrói por completo a vitamina C de frutas e vegetais, bem como outros elementos valiosos. Em sua maioria, as pessoas incluem pouca vitamina C em sua dieta. O corpo precisa de um suprimento diário e constante desta vitamina, para manter a juventude em idades mais avançadas.

Muitos estudos demonstraram que os alimentos crus têm efeito purificador e curativo no organismo humano. Constatou-se em especial que o cozimento destrói as valiosas enzimas das células vegetais que ajudam na digestão dos alimentos crus e assim aliviam o esforço do trato intestinal e garantem melhor assimilação. Faz muitos anos que as dietas de alimentos crus são usadas na clínica Bircher-Benner de Zurique para o tratamento de artrite e outros males. Saladas cruas e sementes brotadas são parte essencial da dieta terapêutica recomendada pelo Cancer Help Centre em Bristol. Um livro recente, *Raw Energy,* de Leslie e Susannah Kenton (Century Publishing, 1984), passa em revista as provas científicas que demonstram como certos problemas (fadiga, tensão, hipertensão, artrite e envelhecimento precoce) podem ser reduzidos com a adoção de uma dieta de alimentos basicamente crus. Também dá conselhos inteligentes, práticos, sobre como adotar este regime.

*Sementes brotadas.* Brotos tenros são um meio excelente de aumentar a ingestão de vitaminas e sais minerais porque a germinação das sementes e grãos eleva seu valor nutritivo. O teor de vitamina C nos grãos de trigo aumenta 60% durante o brotamento. Os brotos são deliciosos em saladas e fáceis de cultivar numa bandeja ou pote em qualquer época do ano, tendo portanto valor especial no inverno. As melhores sementes para esse cultivo são as de alfafa, o feijão *mung,* * feijão *azuki,* ** lentilhas, feno-grego e trigo.

Se for cultivar, encha bem uma colher, das de sopa, com a semente ou feijão de sua preferência, e coloque num pote bem limpo, com capacidade para um quilo. Cubra com água apenas morna e deixe de molho durante a noite. Na manhã seguinte tampe o pote com musselina ou gaze, prendendo com uma tira de elástico. Escorra a água e substitua por água tépida. Escorra o excesso de água. Faça isso duas vezes por dia. Os brotos estarão prontos para consumo quando tiverem de um a seis centímetros de comprimento, dependendo do tipo de semente que usou. Em *The Raw Food Way to Health,* de Janet Hunt (Thorsons, 1978), existe um capítulo excelente sobre o brotamento de sementes, com detalhes sobre o cultivo e emprego de várias formas.

*Ervas frescas.* Tente cultivar algumas ervas. Se não tiver quintal, pode cultivá-las em vasos no parapeito da janela. A salsa em especial deve ser empregada fresca e enriquece muito as saladas, pratos de vegetais e pratos de ovos. É riquíssima em vitamina C e sais de ferro.

O emprego de ervas em saladas e pratos cozidos contribui muito para melhorar o aroma, estimular o apetite e reduzir as necessidades de sal no preparo dos alimentos. Eis as ervas que se podem cultivar em pequenos espaços:

- Manjericão: planta anual, deliciosa em todos os pratos de tomates, saladas de tomate com abobrinha e feijões. Empregar folhas verdes.
- Segurelha: forma moita compacta. O aroma de suas folhas enriquece os pratos de feijões.
- Estragão: delicioso em pratos de galinha e bom em saladas. Integra-se bem com outras ervas.
- Alecrim, salva e tomilho: podem ser empregados secos, mas é fácil cultivá-los em pequenos espaços.
- Cebolinha-capim: muito útil para quem não tolera o aroma intenso da cebola.

Embora não sejam ervas no sentido estrito do termo, também a mostarda e o agrião podem ser cultivados com facilidade no parapeito da janela da cozinha e constituir um excelente meio de enriquecimento de saladas e sanduíches.

Alface-de-cordeiro pode dar uma excelente colheita de folhas verdes no inverno. É possível cultivá-la ao ar livre ou em vasos ou caixas na sacada da janela.

**Planejamento das refeições no Sistema Hay**

A maioria das pessoas perceberá que o modo mais fácil de seguir o Sistema Hay é fazer com que uma refeição por dia consista apenas em alimentos alcalinizantes, outra em proteínas com saladas, vegetais e frutas, e outra refeição em alimentos amiláceos com saladas, vegetais e uma fruta doce.

O plano básico das refeições é mais ou menos assim:

*Desjejum (alcalino):*

Fruta fresca da época; a melhor de todas é maçã bem aromática; um copo de iogurte natural, de preferência feito em casa, com uma colher de germe de trigo; uma bebida quente como chá fraco, chá de ervas, chá-mate, café de taraxaco ou café de verdade, mas não instantâneo. Se a escolha recair no café, este deve ser feito de grãos recém-moídos, pelo método da filtragem, que retém os óleos e ácidos indesejáveis do grão. Convém servi-lo com leite (meio a meio). Deve-se consumir café com muita parcimônia. Não se recomenda café puro (sem leite). É preciso fazer o café ou o chá com água natural engarrafada, não com água de torneira (nunca empregar água que contenha flúor). Em certas áreas, um filtro de água pode ajudar a reduzir o custo da água engarrafada, embora este não retenha o flúor ou os nitratos da água de torneira.

*Meio-dia (amidos):*

Batatas cozidas com a casca; manteiga, vegetais cozidos ou uma salada; uma das frutas doces ou uma sobremesa da seção de receitas de amiláceos.

Como alternativa, esta refeição pode consistir apenas em pão integral feito em casa com manteiga e uma salada de verdura ou apenas um sanduíche de salada. Se a pessoa consumir farelo, pode incluí-lo nesta refeição. Deve misturá-lo com germe de trigo, algumas passas e um pouco de leite. Quem julgar mais conveniente, pode consumi-lo com o desjejum de fruta, embora esta não seja a prática ideal.

*Refeição vespertina (proteínas):*

Esta refeição pode incluir uma sopa de vegetais (feita sem caldo de carne), uma porção pequena de carne, peixe, galinha, ostra, ovos ou queijo; uma salada de vegetais crus e frescos; verduras ou raízes cozidas, mas não batatas. A seguir, consome-se uma fruta fresca do grupo "ácido", como maçã, pêra, laranja etc... Não juntar açúcar à fruta. Deve-se servir apenas um prato protéico, em porção moderada. Quando a pessoa não inclui amidos nesta refeição, precisa de menos proteína, que será mais bem digerida.

As refeições acima são intercambiáveis. Quem preferir um desjejum de amido, poderá tomar a refeição alcalinizante ao meio-dia. O doutor Hay sugeria que as pessoas muito ativas devem tomar sua refeição protéica ao meio-dia e a refeição amilácea no fim da tarde, pois os pratos de amido exigem mais digestão que os de proteína. Não quer dizer que se precise cozinhar ao meio-dia: uma refeição protéica simples pode consistir em salada de verduras com queijo caseiro que preceda o consumo de uma fruta fresca.

Pessoas muito sedentárias que tenham problemas especiais a superar devem aumentar o número de refeições alcalinizantes e reduzir o número de refeições que contenham proteínas concentradas ou amidos de cereais. O melhor meio de assim proceder é tomar *duas* refeições alcalinizantes por dia e usar proteínas e amidos na terceira refeição, em dias alternados. Uma refeição alcalinizante que se baseie em batatas pode ser de grande valia para substituir a refeição de amidos de cereais em tais circunstâncias.

**Lembretes**

É importante lembrar os pontos seguintes quando se começa a pôr o Sistema Hay em prática:

- Evite comer entre as refeições. Caso sinta que *precisa* comer algo, tente sementes de girassol. Além de serem fáceis de consumir, são fonte excelente de proteína, sais minerais, aminoácidos, enzimas e vitaminas A, B, D, E e F.
- Se achar difícil a princípio ficar sem açúcar, empregue como adoçantes uma colherinha de "xarope de mel", que se faz diluindo-se uma colher, das de sopa, de mel em 100 ml de água fervida e fria. Conserve em pote arrolhado. Não se emprega adoçante artificial em hipótese alguma, pois estes podem destruir a vitamina C com rapidez e, mais cedo ou mais tarde, causar danos ao fígado.
- Só tome líquidos quando tiver sede, e ainda assim longe das refeições. Se desejar, pode tomar uma xícara de chá fraco, chá de ervas ou chá-mate, com limão ou uma colherinha de mel, no meio da tarde. Os bolos e biscoitos da hora do chá deixarão de ser imperiosos tão logo a pessoa consolide seu padrão alimentar correto.

- Coma vegetais frescos, saladas e frutas com a maior liberdade possível.
- Nunca tome sua refeição quando estiver cansado ou perturbado.
- Trate o álcool com grande respeito: convém consumi-lo com rigorosa parcimônia. Não tome vinhos doces, licores doces e coquetéis açucarados. Um bom vinho seco é, no entanto, compatível com uma refeição protéica e auxilia a digestão. O uísque e o gin são "neutros", mas a cerveja entra na categoria dos "carboidratos refinados", sendo portanto conveniente evitá-la antes, durante e depois de uma refeição protéica.
- Não esqueça, acima de tudo, que, se é importante consumir os alimentos corretos, o exercício e o repouso, ar fresco e sol, respiração profunda e *pensamento positivo* são essenciais à saúde.

---

* *Mung*: É a variedade *Phaseolus aureus*, do Leste Asiático. É com ele que se produzem os brotos usados na culinária oriental. (N. do T.)

** *Azuki*: Literalmente, "vermelho". É a variedade *Phaseolus angularis*, especialmente usado no cultivo de brotos. (N. do T.)

# 7

# PLANEJAMENTO E SUGESTÕES PARA O MENU

Os menus e receitas seguintes, que fazem parte dos arquivos pessoais das autoras, não pretendem abranger tudo. Aqui não se incluem receitas de carne assada ou grelhada, pois pode-se encontrá-las em qualquer livro de culinária convencional. O leitor também não encontrará receitas de bolos, "palitos" ou frituras — itens que contribuem com muita gordura, em grande parte "oculta", para nossa dieta moderna. Você *notará* que nossas receitas usam manteiga e creme de leite, mas que as quantidades são pequenas; e, como o emprego de carne e leite é restrito, o consumo de gorduras saturadas fica automaticamente reduzido.

As receitas em si contêm apenas ingredientes compatíveis; e há compatibilidade entre as receitas de cada seção, de modo a se poder combinar corretamente a refeição principal partindo-se da seção de itens protéicos *ou* de itens amiláceos. No entanto, ao planejar suas refeições para cada dia, é muito importante fazer com que os alimentos alcalinizantes predominem.

Em seu livro *Building Better Bodies,* o doutor Hay enumerou os alimentos nesta ordem de importância:

— Frutas
— Verduras e alimentos para saladas cruas
— Raízes comestíveis
— Grãos
— Proteínas

Ele afirmava que precisamos de pouca proteína e que todos os elementos de que a saúde humana necessita podem ser fornecidos pelas frutas, vegetais, raízes e leite. Afirmava que carne, ovos e mesmo cereais não são indispensáveis e que em grandes quantidades podem causar superestímulo e sobrecarga no metabolismo. Também destacava que é preciso evitar os pratos complicados e que as melhores refeições compõem-se de pratos simples, de alimentos não processados, que se limitem a dois ou três itens. Assim é que, embora se possa compilar um menu para o jantar incluindo três ou quatro pratos com base na seção de proteínas, é melhor planejar a refeição principal do dia com *apenas* um prato principal, de proteínas ou de amidos, com uma salada e hortaliças precedendo uma fruta fresca, ácida ou doce. As receitas de sobremesas destinam-se apenas a emprego ocasional.

A compilação dos planos alimentares objetiva mostrar como o Sistema Hay funciona durante uma semana e inclui sugestões para o desjejum, refeições principais sem carne, refeições muito simples ou rápidas e fáceis de preparar quando o tempo é escasso ou você está cansado; refeições que empregam sobras e refeições para agradar as visitas. Se você for o único adepto do Sistema Hay na família, ainda assim poderá segui-lo, mas suplementando a refeição dos não-adeptos com itens que você mesmo não consome; por exemplo, batatas com carnes. Quando receber visitas ou comer fora, é melhor planejar seu menu baseado num prato protéico principal. Se houver muitas hortaliças à disposição, as pessoas nem notarão que você recusou o pão ou as batatas; e em casa poderá planejar uma sobremesa compatível. Ao se ver num aperto, quando comer fora, por exemplo, siga o conselho de *sir* John Mills: ignore simplesmente o pudim ou qualquer outro item incompatível com seu prato principal. Nas palavras do capitão-cirurgião Cleave, autor de *The Saccharine Disease,* "se não a quiser, não a coma".

Sobre os utensílios domésticos: certifique-se de que as panelas *não* sejam de alumínio, pois este metal pode causar intoxicação crônica. Empregue, se possível, aço inoxidável (que, embora caro, dura a vida toda), pirex ou louça de Corning. * Da mesma forma,

---

* *Corning*: Cidade do Estado de Nova Iorque, EUA, famosa por seus artigos de vidro. (N. do T.)

se usar folhas de alumínio em assados, empregue-as apenas como envoltório *externo,* depois de embrulhar o alimento em papel parafinado à prova de gordura, por causa da contaminação pelo metal.

**Congelamento**

A maioria das receitas não se presta ao congelamento porque muitas delas têm pouca gordura ou empregam vegetais crus ou apenas meio cozidos. A receita avisará se determinado prato se presta bem ao congelamento.

**Menus sazonais**

Os menus seguintes empregam frutas e vegetais típicos de cada época do ano, sempre que possível, pois isto leva em conta o fato de que nosso corpo precisa de substâncias diferentes em cada temporada. O plano alimentar prevê uma refeição principal por dia e uma refeição leve, além do desjejum. As refeições do meio-dia e do final da tarde são intercambiáveis, e a principal refeição domingueira se destina a agradar eventuais visitas.

**Nota:** usam-se estas abreviaturas:

Al: Alcalino
Pr: Proteína
Am: Amido

**MENUS DE PRIMAVERA PARA UMA SEMANA**

| | Desjejum | Meio-Dia | Tardinha |
|---|---|---|---|
| *Domingo* | Al Gomos de toranja | Pr Galinha assada com recheio de germe de trigo (p. 170)<br>Cogumelos picantes (p. 178)<br>Purê de aipo (p. 176)<br>Sobremesa de fruta e framboesa (p. 181) | Am Sopa mista de vegetais (p. 197)<br>Bolinhos de aveia (p. 229) e manteiga |
| *Segunda-feira* | Al Gomos de laranja e iogurte | Pr Refeição para viagem: fatias de galinha fria entre folhas de alface<br>Sopa mista de sobras vegetais em garrafa térmica<br>Fruta que preferir | Am Batatas à La Hay (p. 215)<br>Salada de verdura<br>Fatias de tâmaras ou figos secos postos de molho |
| *Terça-feira* | Al Pudim picante de maçãs e passas (p. 183) e iogurte | Am Sanduíches de salada<br>Banana e sementes de girassol | Pr Salada de aipo, maçã e passas com fatias de queijo caipira |

| | Desjejum | Meio-Dia | Tardinha |
|---|---|---|---|
| *Quarta-feira* | Al Damascos secos, postos de molho, e iogurte | Pr Requeijão com salada de verduras<br>Iogurte com abacaxi | Am Arroz com vegetais (p. 212)<br>Mostarda e agrião<br>Creme de banana (p. 221) |
| *Quinta-feira* | Al Maçã picante com passas e iogurte | Am Cogumelos sobre torradas<br>Mostarda e agrião<br>Tâmaras | Pr Solha grelhada (p. 159)<br>Manteiga com salsa<br>Brócolos cozidos ao vapor |
| *Sexta-feira* | Al Banana em fatias com germe de trigo e iogurte | Am Salada de Noz-pecã e massa (p. 202)<br>Bolinhos de aveia (p. 229) e manteiga | Pr Salada de alho-poró (p. 147)<br>Vegetais com carne picadinha (p. 165)<br>Musse de damascos (p. 185) |
| *Sábado* | Al Papa dr. Bircher (p. 122) | Pr Ovos recheados (p. 168)<br>Salada de repolho cru (p. 146)<br>Fruta fresca que preferir | Am Batatas recheadas de cogumelos (p. 217)<br>Salada de verduras<br>Bananas congeladas (p. 224) |

## MENUS DE VERÃO PARA UMA SEMANA

| | Desjejum | Meio-Dia | Tardinha |
|---|---|---|---|
| *Domingo* | Al Framboesas frescas<br>Iogurte | Pr Salada de tomate e salsa (p. 139)<br>Galinha com limão (p. 163)<br>Abobrinha *de luxe* (p. 174)<br>Salada de verduras<br>Nectarinas em fatias (p. 187) | Am Cogumelos amanteigados em torradas integrais<br>Sorvete de tâmaras (p. 222) |
| *Segunda-feira* | Al Groselha-preta com mel e iogurte | Am Patê de berinjela (p. 206) em torradas (ou em sanduíche)<br>Castanhas e passas | Pr Sopa de abobrinha e estragão (p. 138)<br>Salada de alface e outras verduras<br>Damascos frescos em fatias |
| *Terça-feira* | Al Damascos frescos, em fatias, com iogurte | Pr Salada de verduras com queijo caipira em fatias | Am Massa com molho de salsa (p. 210)<br>Bananas congeladas (p. 224) |

| | Desjejum | Meio-Dia | Tardinha |
|---|---|---|---|
| *Quarta-feira* | Al Pêssego fresco, em fatias, com iogurte | Am *Tabule* (p. 201)<br>Agrião<br>Uvas frescas | Pr Couve-flor cremosa (p. 169)<br>Salada de tomate com manjericão (p. 148)<br>Cerejas |
| *Quinta-feira* | Al Framboesas e groselhas com iogurte | Pr Salada vegetal mista com queijo bem fresco<br>Cerejas | Am Batatinhas assadas com manteiga e salsa<br>Ervilhas verdes e abobrinhas em fatias<br>Manjar de mel ao forno |
| *Sexta-feira* | Al Damascos frescos, picados, com iogurte | Am Sanduíches de verduras e manteiga picante (p. 231)<br>Tâmaras<br>(refeição para viagem) | Pr Solha com limão grelhada e manteiga com salsa<br>Tomates grelhados<br>Salada de verduras<br>Compota de framboesa e groselha com creme |
| *Sábado* | Al Morangos frescos com iogurte | Am Feijão-fava e salada picante (p. 203)<br>Bolinhos de trigo com queijo cremoso | Pr Omeleta espanhola (p. 167)<br>Salada de verduras<br>Pêssegos frescos |

**MENUS DE OUTONO PARA UMA SEMANA**

| | Desjejum | Meio-Dia | Tardinha |
|---|---|---|---|
| *Domingo* | Al Maçãs em fatias e passas com iogurte | Pr Fatias externas de carne assada<br>Couve-flor e couve-de-bruxelas<br>Salada de cenoura e beterraba branca (p. 151)<br>Maçãs recheadas e assadas (p. 184) com creme | Am Batatas crocantes (p. 219)<br>Salada de verduras<br>Tâmaras e castanhas |
| *Segunda-feira* | Am Aveia em flocos com bananas em fatias e leite | Al Salada de repolho cru (p. 146)<br>Pêras e iogurte | Pr Carne assada fria<br>Salada favorita (p. 143)<br>Laranjas em fatias |
| *Terça-feira* | Al Maçã em fatias e iogurte polvilhado com germe de trigo | Pr Salada Waldorf (p. 146)<br>Damascos cozidos | Am Bolinhos de batata (p. 220)<br>Tomate com berinjela (p. 173) (dá para duas pessoas)<br>Figos frescos |

|  | Desjejum | Meio-Dia | Tardinha |
|---|---|---|---|
| *Quarta-feira* | Al Pêra em fatias e iogurte | Am Sanduíches de verduras e manteiga picante (p. 231)<br>Bananas<br>(refeição para viagem) | Pr Carneiro assado<br>Tomate com berinjela (p. 173)<br>Salada de verduras<br>Maçãs e nozes |
| *Quinta-feira* | Al Maçã em fatias e iogurte polvilhado com germe de trigo | Pr Sopa de creme de aipo<br>Requeijão e salada de laranja | Am Panelada de vegetais (p. 213)<br>Tâmaras e castanhas |
| *Sexta-feira* | Al Toranja em fatias e iogurte polvilhado com avelã ralada | Am Sanduíches de agrião e queijo cremoso<br>Uvas bem doces<br>(refeição para viagem) | Pr Cavala grelhada<br>Salada de verduras<br>*Mousse* de morangos congelados (p. 182) |
| *Sábado* | Al Pêra em fatias e iogurte | Pr Salada de abacate à Guacamole (p. 145) com queijo caseiro<br>Pudim de maçã e passas (p. 184) com creme | Am Espaguete (p. 209)<br>Bananas com gengibre (p. 222) |

**MENUS DE INVERNO PARA UMA SEMANA**

| | Desjejum | Meio-Dia | Tardinha |
|---|---|---|---|
| *Domingo* | Al Gomos de toranja e laranjas frescas | Pr Salada de chicória, nozes e alface-de-cordeiro (p. 150)<br>Carneiro assado<br>Couve-de-bruxelas<br>Purê de aipo (p. 176)<br>Fatias de abacaxi fresco | Am Sopa de batatas (p. 196)<br>Bolinhos de aveia (p. 229) com manteiga |
| *Segunda-feira* | Al Maçã em pedaços com germe de trigo e iogurte | Am Batatas assadas com manteiga<br>Mostarda e agrião<br>Tomate em fatias | Pr Sopa de alho-poró e couve-flor (p. 135)<br>Carneiro assado, frio<br>Salada de repolho roxo, maçã e avelã (p. 149)<br>Laranjas em fatias |
| *Terça-feira* | Am Mingau de aveia (p. 230) com leite | Al Sopa mista de vegetais (p. 197)<br>Salada de cenoura e passas (p. 204) | Pr Couve-flor cremosa (p. 169)<br>Salada de verduras com brotos<br>Fruta fresca |

| | Desjejum | Meio-Dia | Tardinha |
|---|---|---|---|
| *Quarta-feira* | Al Damascos secos (deixados de molho) com germe de trigo e iogurte | Pr Sopa de aipo (p. 195)<br>Queijo caseiro<br>Maçãs<br>(refeição para viagem) | Am Arroz com alho-poró e castanhas-de-caju (p. 211)<br>Mostarda e agrião<br>Banana em fatias com sementes de gergelim |
| *Quinta-feira* | Al Maçã em fatias e passas com iogurte | Pr Salada mista de verduras<br>Omeletas individuais de ervas<br>Laranjas | Am Panelada de vegetais (p. 213)<br>Repolho amanteigado (p. 177)<br>Uvas frescas |
| *Sexta-feira* | Al Figos secos (deixados de molho) com germe de trigo e iogurte | Am Salada de bananas com tâmaras (p. 205) | Pr Solha ao forno (p. 159)<br>Cogumelos picantes (p. 178)<br>Salada de verduras<br>Purê de damascos com maçã (p. 184) |
| *Sábado* | Al Papa do dr. Bircher (p. 122) | Pr Salada de aipo, maçã e passas (p. 147) com bolinhos de amêndoa (p. 169) | Am Avelãs ao forno (p. 214)<br>Salada de brotos de feijão com alface |

**Pratos principais sem carne**

Embora as refeições alcalinas e amiláceas não apresentem problemas para o vegetariano, as sugestões seguintes sobre pratos principais sem carne podem ajudar.

1. Omeleta espanhola (p. 167)
   Salada de verduras com guarnição francesa
   Fruta fresca

2. Salada de abacate à Guacamole (p. 145) servida com fatias finas de queijo caseiro
   Pêras frescas (descascadas e em fatias) servidas com molho de damascos (p. 185) e polvilhadas com sementes torradas de gergelim

3. Ovos recheados (p. 168)
   Salada de alho-poró (p. 147)
   Maçãs recheadas e assadas (p. 184) com creme

4. Sopa mista de vegetais (p. 197) com queijo ralado
   Fruta fresca

5. Bolinhos de amêndoa (p. 169)
   Salada de repolho cru (p. 146)
   Iogurte de abacaxi (p. 189) ou fruta fresca

6. Couve-flor cremosa (p. 169)
   Salada favorita (p. 143)
   Musse de morangos congelados (p. 182)

7. Salada Waldorf (p. 146)
   Pudim quente de maçãs e passas (p. 183) com creme

**Desjejum**

O desjejum deve sempre constar de uma refeição leve. O doutor Hay considerava-o supérfluo, mas, caso a pessoa considere isso um pouco drástico, tome-o limitando-se a uma refeição leve de fruta fresca ou então fruta fresca com leite e iogurte. Isto corresponde a uma refeição alcalinizante de muita importância. Caso, no entanto, prefira um desjejum amiláceo, este pode basear-se em cereais integrais frescos e frutas doces.

Seguem-se sugestões para os dois tipos de refeição:

*Refeições alcalinas:*

- Qualquer fruta ácida e fresca da temporada (veja tabela de alimentos compatíveis) com leite ou iogurte.
- Toranja fresca ou suco de laranja.
- Maçã ralada, com uma colher, de sopa, de germe de trigo e iogurte.
- Fruta fresca, em fatias, com iogurte, polvilhada com sementes de girassol.
- Damascos secos (deixados de molho) com iogurte e uma colher, de sopa, cheia, de germe de trigo.

*Observação:* Pode adicionar farelo e germe de trigo ao desjejum alcalino, se desejar. Ambos são considerados neutros porque seu teor de amido é insignificante.

*Papa*

A papa é agora um quebra-jejum muito popular, mas infelizmente a papa comercial é uma mistura que nada tem a ver com o mingau de frutas cruas idealizado pelo doutor Max Bircher-Benner para seus pacientes. As papas modernas são principalmente misturas de cereais feculentos, ao passo que na papa do doutor Bircher-Benner predominavam a maçã crua e outras frutas ácidas, com apenas *uma colher, de sopa, rasa* de aveia prensada ou farinha de aveia de moagem média. Porque o teor de cereais é pequeno e porque ele é cru, preparado para consumo imediato, o mingau do doutor Bircher-Benner pode ser considerado refeição alcalina. A receita vem a seguir. Mas, se você preferir um prato de *cereais mistos,* não terá a papa tradicional, devendo considerar o prato uma refeição amilácea que você combinará com alguma fruta doce.

## PAPA DO DOUTOR BIRCHER-BENNER

*1 colher, de sopa, rasa de aveia prensada ou farinha média de aveia*

*3 colheres, de sopa, de água*

*1 colher, de sopa, de caldo de limão*

*3 colheres, de sopa, de leite cru ou iogurte natural*

*200 g de maçã (duas maçãs médias)*

*1 colher, de sopa, de amêndoas ou avelãs raladas*

1. Deixe a aveia de molho em água a noite toda.
2. De manhã junte o caldo de limão e rale as maçãs (depois de lavá-las bem) na mistura. Polvilhe por cima as amêndoas ou avelãs raladas.
3. Sirva imediatamente.

*Desjejuns amiláceos*

- Uma porção de cereais crus e sortidos, polvilhados com uma colher, de sopa, de farelo de trigo e duas colheres, de chá, de passas. Deixe a mistura de cereais de molho durante a noite em três colheres, de sopa, de água. Sirva com leite.
- Torrada de trigo integral com manteiga e um pouco de mel.
- Gemas (escaldadas ou mexidas) em torrada de trigo integral.
- Flocos de painço com bananas em fatias e leite.
- Mingau de aveia feito em casa.
- Figos secos, deixados de molho, com cereais integrais mistos e leite.
- Aveia em flocos crua, deixada de molho à noite e servida com fatias de bananas e leite.

*Observação:* pode juntar farelo ou germe de trigo a todos os pratos de cereais, se desejar.

**Sugestões práticas para problemas específicos**

Os problemas específicos de saúde foram discutidos na Parte Um. Mas quem sofre de certos males pode considerar úteis estas sugestões:

*Alergias*

Quando adotam o Sistema Hay, as vítimas de alergia podem julgar mais fácil *a princípio* continuar suprimindo os alimentos aos quais são hipersensíveis.

Todavia, na medida em que consolidam o sistema de alimentação compatível, observarão que já não são hipersensíveis a bons alimentos não processados ou a substâncias naturais do meio ambiente.

*Artrite*

A dieta das vítimas de artrite deve constar de uma suplementação abrangente de vitaminas e sais minerais. Há, todavia, três necessidades básicas:

*Vitamina C* — Estimula a secreção de hidrocortisona, o principal hormônio a considerar em caso de artrite. Ela tem também relação com a nutrição das articulações.

*Ácido Pantotênico (B5)* — A exemplo da vitamina C, é vital para a secreção normal de cortisona e outros hormônios das suprarenais. Para o doutor Roger Williams — o primeiro cientista a identificar, isolar e sintetizar o ácido pantotênico —, ele pode ter importância na *prevenção* da artrite.

*Óleo de fígado de bacalhau* — Além de fornecer as vitaminas A e D e iodo, também cria os meios necessários à fixação do cálcio no organismo. Deve-se tomar uma colher de óleo de fígado de bacalhau todos os dias, com o estômago vazio, uma hora antes da refeição ou quatro horas depois. Ele deve ser emulsificado, para maior eficácia, consoante as instruções seguintes:

> Coloque uma colher de óleo de fígado de bacalhau, puro e não aromatizado, num vaso pequeno do liquidificador. Adicione duas colheres de caldo de laranja recém-espremido (suco congelado não

serve) e bata durante alguns segundos. Tome de um fôlego. Ficará surpreso ao observar que o caldo de laranja oculta por completo o sabor desagradável do óleo. Pode usar leite em vez do suco de laranja, mas ele não disfarça o gosto.

O óleo de fígado de bacalhau deve ser tomado todo dia até a dor se abrandar. Depois, tomar a cada dois dias durante os três meses seguintes. Depois disso, tomar uma dose a cada quinze dias — por tempo indeterminado. Além de ter efeito contra a artrite, é um tônico excelente para a saúde e a beleza; retarda o processo de envelhecimento.

*Indigestão*

Conforme explicado no Capítulo Três da Parte Um do livro, esta anomalia se abrandará rapidamente por meio da compatibilidade alimentar. Mas diminuirá com rapidez ainda maior se você tomar uma colher de germe de trigo em cada refeição. O germe de trigo é excelente fonte de vitaminas do complexo B, que ajudam a digestão e são especialmente necessárias à digestão dos alimentos amiláceos. Conquanto o germe de trigo contenha a maior parte da proteína existente nos grãos, esse volume de proteína é insignificante. Pode, portanto, consumir germe de trigo em qualquer refeição.

*Insônia*

Quem sofre deste mal deve empenhar-se em tornar o mais simples possível a última refeição do dia: um prato apenas, mas em quantidade que satisfaça por completo. Um prato protéico é preferível a um amiláceo. É preciso suprimir o café e chá forte da dieta. Caso você não abra mão do café, restrinja-o a uma xícara por dia, e ainda assim diluindo-o em leite ou creme ou tomando-o no início do dia. As vitaminas B sob a forma de germe de trigo, levedura de cerveja e pantotenato de cálcio devem suplementar a dieta. O cálcio e magnésio, sob a forma de calcário dolomítico, são também úteis.

*Obesidade*

Para acelerar o processo do emagrecimento, deve-se preferir um desjejum constante de uma fruta e leite. Uma mistura de caldo de laranja recém-espremida e leite faz uma bebida deliciosa que satisfaz muito. Tal mistura não é de difícil digestão, ao contrário do que muita gente imagina. Na verdade, o caldo de laranja estimula a digestão do leite.

Se você tem uma vida ativa, convém tomar a refeição protéica ao meio-dia, porque a refeição amilácea exige mais digestão do que a constante de proteína. Deve servir-se de uma porção bem parcimoniosa do prato protéico, mas também pode consumir um prato de vegetais, raiz e/ou verduras, precedendo a ingestão de uma fruta fresca.

A refeição amilácea é melhor quando se baseia em cereais integrais e batatas. Convém evitar pão, por pouco que seja, e a maioria dos amidos de cereais, enquanto tenta emagrecer. Uma refeição de batatas, conforme descrito na seção de receitas de amiláceos, junto com uma salada e/ou verduras, é o melhor tipo de refeição amilácea para o obeso.

Se levar uma vida sedentária, tente consumir *duas* refeições alcalinizantes por dia, ou seja, desjejum conforme citado anteriormente e adotando no almoço ou jantar uma salada, vegetais e frutas. Deve limitar a carne apenas a uma ou duas vezes por semana.

*Arrotos*

O alimento regurgita se houve erro nas combinações da refeição; e, se o alimento costuma regurgitar por muito tempo, os arrotos podem persistir por algum tempo ainda, depois de se conseguir corrigir as combinações.

*Gases*

Isto indica que a pessoa vem consumindo todo dia muito alimento acidificante há bastante tempo. Quando a química do organismo se aproxima da normalidade, os alimentos naturais só muito raramente entram em choque, se é que entram. Este mal desaparecerá com rapidez por meio das combinações alimentares corretas.

## A refeição alcalina

Uma vez que os alimentos alcalinizantes precisam predominar na dieta, são parte essencial de *toda* refeição sob a forma de saladas, vegetais e frutas, que acompanham os pratos protéicos ou os amiláceos. Todavia, o melhor momento de se adotar uma refeição totalmente alcalina é de manhã, no quebra-jejum. Sugestões nesse sentido encontram-se na seção sobre desjejum.

As refeições principais, de efeito alcalinizante, podem compor-se de verduras ou raízes, cozidas ao vapor ou do modo convencional com pouca água e servidas com um pouco de manteiga ou creme de leite, acompanhadas por qualquer das combinações de saladas de vegetais crus, brotos e frutas ácidas frescas. Arremate com sementes de girassol. Uma versão amilácea de refeição alcalinizante pode consistir de uma batata assada com a casca e untada com um pouquinho de manteiga, além de uma salada de verduras com um molho adequado a tal tipo de refeição e verduras cozidas. Pode-se arrematar a refeição com uma das frutas doces citadas para refeições alcalinas. Se, contudo, a refeição de batata for consumida como refeição alcalina, não precisará tomar outra refeição amilácea durante o dia.

A lista de alimentos alcalinizantes que se encontra no final do livro ajudará a organizar as refeições principais totalmente alcalinas. A lista seguinte, de saladas fáceis de preparar, mostra como são enormes as variantes que se podem introduzir no conceito de uma refeição alcalinizante.

**Vinte saladas de frutas e vegetais para refeições alcalinas**

- Maçã picada, cebolinha-capim e repolho
- Cenoura ralada, maçã e passas
- Maçã picada e aipo com agrião
- Beterraba ralada e cebola com repolho picado
- Raiz de aipo ralada com pimentas vermelhas e verdes picadas
- Tomate em fatias com manjericão fresco picado
- Chicória picada, pêra madura em fatias e agrião
- Repolho picado, maçãs e passas
- Repolho roxo picado e gomos de laranja
- Brotos de alfafa (ou outras sementes brotadas), salsa fresca e alho-poró picado
- Rabanete picado e pepino em fatias sobre alface picada

- Ervilhas verdes cozidas com hortelã e servidas com alface e um pouquinho de estragão picados
- Abobrinhas raladas e servidas com cebolinha-capim e estragão picados sobre alface picada
- Cachinhos de couve-flor com ervilhas cozidas e pimentas verdes picadas, polvilhadas com hortelã picadinha
- Cubos de abacaxi fresco com gomos de tangerina e hortelã picada
- Couve-de-bruxelas picadinha, aipo picado em cubos e sementes de girassol
- Repolho picado, cubos de abacaxi e pimentas verdes picadas
- Pepino em fatias, alface-de-cordeiro e nozes picadas
- Chicória picada, gomos de toranja e nozes-pecãs picadas
- Cubos de beterraba, aipo picado e nozes picadas

*Com guarnição francesa básica:* três partes de óleo para uma parte de caldo de limão. Bata no liquidificador com sal marinho e pimenta-do-reino recém-moída e um pouco de mel. Para tornar mais picante, adicione uma colherinha de mostarda Dijon.

*Com creme simples ou guarnição de creme azedo:* creme puro ou creme azedo temperado com um pouquinho de sal e páprica.

**Miscelânea**

*Gorduras animais.* Cinqüenta gramas de gordura animal por dia são o máximo permitido, segundo se acredita. Aconselha-se consumir menos que isso. Gorduras vegetais sob a forma de óleos para salada podem ser juntadas a essa porção de gordura animal.

*Melões* são alimentos excelentes, mas não são digeridos com facilidade junto com outros alimentos. É melhor consumi-los em separado: assim dão uma excelente refeição alcalinizante.

*Manteiga de amendoim* contém muito amido junto com muita proteína, a exemplo de todas as leguminosas. É portanto indigesta e acidificante. Convém consumi-la só de vez em quando. Existem deliciosas manteigas de castanhas que substituem a manteiga de amendoim.

*Água destilada.* Embora possa ser indicada em certos casos de cálculos ou artrite, não é recomendável para uso diário. Encontra-se no chamado "estado nascente", em que é capaz de assimilar toda substância química com a qual entra em contato, sendo totalmente insaturada. A melhor água potável é água de boa fonte, *não muito carregada de sais minerais.*

## RECEITAS DE REFEIÇÕES PROTÉICAS

**Sopas** (pp. 135 a 138)

Sopa de alho-poró e couve-flor
Sopa de tomate
Sopa de cogumelos
Sopa de abobrinha e estragão

**Entradas** (pp. 139 a 141)

Toranja com hortelã
Salada de tomate e salsa
Cogumelos com creme azedo
Abobrinhas a vinagrete

**Saladas** (pp. 143 a 151)

Salada favorita
Abacate à Guacamole
Salada Waldorf
Repolho cru
Salada de alho-poró
Aipo, maçã e passas
Tomate com manjericão fresco
Repolho roxo, maçã e avelã
Chicória, noz e alface-de-cordeiro
Cenoura e beterraba branca

**(Continuação de Receitas de Refeições Protéicas)**

**Guarnições e molhos** (pp. 152 a 157)

Guarnição francesa básica
Guarnição favorita agridoce
Guarnição básica de creme azedo
Maionese
Maionese sem ovos
Guarnição de páprica
Molho fresco de tomate
Molho de pimenta vermelha

**Pratos principais** (pp. 159 a 172)

Solha ao forno
Cavala com molho de azeda-miúda ou groselha
Truta escaldada
Galinha com limão
Galinha fria à la Hay
Vegetais com carne picadinha
Omeletas individuais
Omeleta espanhola
Ovos recheados
Suflê de queijo
Couve-flor cremosa
Bolinhos de amêndoa
Recheio de germe de trigo
Recheio de frutas
Caldos grossos sem farinha

**Vegetais** (pp. 173 a 179)

Tomate com berinjela
Abobrinhas de luxe

**(Continuação de Receitas de Refeições Protéicas)**

Botões de brócolos com alho-poró
Purê de aipo
Repolho amanteigado
Cogumelos picantes
Feijões verdes
Abobrinha amanteigada

**Sobremesas** (pp. 181 a 190)

Sobremesa de frutas e framboesa
Musse de morangos congelados
Pudim picante de maçã e passas
Três pudins instantâneos de maçã
*Mousse* de damasco
Salada de nectarinas
Pudim de Natal
Iogurte
Sorvete
Molho de damasco

**Sugestões de refeições para viagem** (p. 191)

## RECEITAS DE REFEIÇÕES AMILÁCEAS

## TERCEIRA PARTE

# RECEITAS DE REFEIÇÕES PROTÉICAS

# 8

# SOPAS E ENTRADAS

## SOPA DE ALHO-PORÓ E COUVE-FLOR

(4 a 6 porções)

*2 pés de alho-poró*

*25 g de manteiga*

*1 couve-flor pequena*

*1 pitada de noz-moscada*

*700 ml de água*

1. Lave e pique os pés de alho-poró.
2. Derreta a manteiga numa panela grande e junte o alho-poró.
3. Cozinhe em fogo brando até o alho-poró ficar translúcido.
4. Lave a couve-flor e separe seus galhinhos.
5. Junte a couve-flor, noz-moscada e água à panela e deixe ferver.
6. Baixe o fogo e cozinhe durante 10 minutos até os galhinhos de couve-flor ficarem macios, mas não desmanchando.
7. Retire do fogo e bata no liquidificador.
8. Leve de novo ao fogo para reaquecer. Tempere a gosto.

## SOPA DE TOMATES

(4 porções)

*700 g de tomates*

*3 talos de aipo*

*1 cebola*

*1 cenoura média*

*25 g de manteiga*

*850 ml de água*

*1 colher, de chá, de extrato de levedura*

*1* bouquet garni *(talos de salsa, tomilho, 1 folha de louro e um dente de cravo contidos em saquinho de musselina)*

*Sal marinho e pimenta-do-reino recém-moída*

*Um pouco de leite ou creme simples*

1. Descasque os tomates depois de deixá-los de molho em água fervente por um minuto. Corte em rodelas.
2. Lave o aipo, cebola e cenoura. Corte em fatias.
3. Derreta a manteiga numa panela de fundo grosso e junte os vegetais.
4. Com uma colher de pau, mexa os vegetais por cinco minutos, até eles soltarem água.
5. Junte a água, o extrato de levedura, o *boquet garni* e os tomates. Espere iniciar a fervura.
6. Tampe a panela e deixe ferver em fogo brando durante 15 a 20 minutos.
7. Retire o *bouquet garni* e peneire o líquido ou coloque num copo do liquidificador e bata até ficar bem macio.
8. Recoloque a panela no fogo e reaqueça.
9. Tempere a gosto e junte um pouco de leite ou de creme.

## SOPA DE COGUMELOS

(4 porções)

*25 g de manteiga*

*1 cebola pequena, picada*

*1 cenoura média*

*1 talo de aipo*

*225 g de cogumelos grandes*

*1 colher, de chá, bem cheia de extrato de levedura*

*550 ml de água*

*1 pitada de noz-moscada*

*Sal marinho*

*Pimenta-do-reino recém-moída*

*4 colheres de creme*

*1 colher de vinho de Xerez seco (facultativo)*

1. Derreta a manteiga numa panela de cabo, junte a cebola picada e cozinhe em fogo baixo até a cebola ficar dourada.
2. Lave e corte em fatias a cenoura, o aipo e os cogumelos. Junte-os à cebola.
3. Junte o extrato de levedura e a água. Deixe ferver.
4. Baixe o fogo, tampe a panela e deixe ferver por aproximadamente 15 minutos, até perceber que os vegetais já estão meio macios.
5. Despeje a mistura no liquidificador e bata durante 30 segundos. Recoloque a panela no fogo.
6. Reaqueça e junte uma pitada de noz-moscada ralada (que dá um sabor sutil e também dá um toque especial ao gosto dos cogumelos).
7. Tempere a gosto. Junte o creme antes de servir.
8. Em ocasiões especiais, junte a colher de vinho seco.

## SOPA DE ABOBRINHA E ESTRAGÃO

(4 porções)

*450 g de abobrinhas*

*700 ml de água*

*2 a 3 talos de estragão fresco* ou *1 colher, de chá, de estragão seco*

*Sal marinho*

*Pimenta-do-reino recém-moída*

*4 colheres de creme azedo*

1. Lave e corte as abobrinhas em fatias.
2. Despeje a água numa panela grande e espere ferver.
3. Coloque as abobrinhas e o estragão na panela, espere ferver de novo e baixe o fogo.
4. Ferva em fogo brando durante 5 minutos até as abobrinhas ficarem *meio* macias e sua casca conservar o verde-claro.
5. Retire do fogo e bata no liquidificador durante 30 segundos até a mistura ficar *quase* sem pelotas, dando para perceber os fragmentos da casca.
6. Recoloque na panela e reaqueça. Tempere a gosto.
7. Despeje em tijelas de sopa e dilua uma colher de creme azedo em cada uma. Fria ou quente, esta sopa é deliciosa.

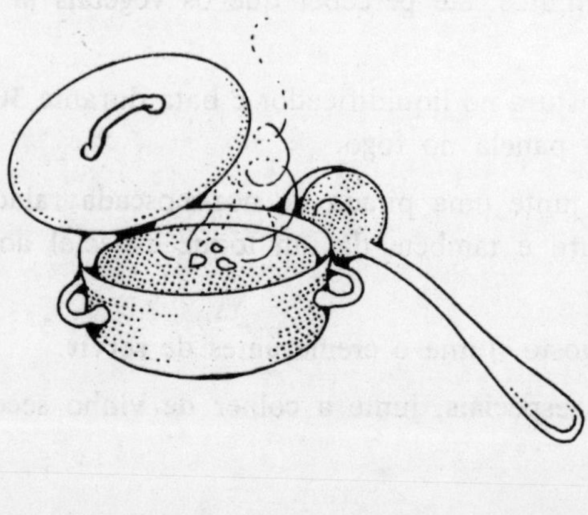

## TORANJA COM HORTELÃ

(4 porções)

*2 toranjas grandes*

*Um punhadinho de folhas frescas de hortelã*

*2 colheres, de chá, rasas de mel*

1. Descasque as toranjas e corte-as ao meio, transversalmente. Amoleça o interior de cada gomo com a ponta de uma faca. Retire todas as sementes do centro de cada metade.
2. Lave, seque e pique as folhas de hortelã bem fino.
3. Misture a hortelã ao mel e coloque meia colher, de chá, da mistura no centro de cada metade de toranja.
4. Coloque as metades de toranja em copos individuais e deixe por 30 minutos na geladeira.

## SALADA DE TOMATES E SALSA

(4 porções)

*8 tomates pequenos*

*Salsa fresca*

*Sal marinho*

*Pimenta-do-reino recém-moída*

*Manjericão fresco*

1. Descasque e corte os tomates em rodelas
2. Lave, seque e pique a salsa
3. Misture os tomates com a salsa (use uma porção bem generosa) e tempere com sal, pimenta e uma colher, de chá, de manjericão fresco, recém-picado. Se não tiver manjericão fresco, use uma pitada do seco.
4. Sirva em xícaras individuais.

## COGUMELOS COM CREME AZEDO

(4 porções)

*1 tomate grande*

*150 ml de creme azedo*

*1 colher, de chá, de caldo de limão*

*1 colher, de sopa, de salsa picada bem fino*

*225 g de cogumelos miúdos*

*Sal marinho*

*Pimenta-do-reino recém-moída*

*Páprica*

1. Despele o tomate e corte-os bem fino, retirando as sementes.
2. Despeje o tomate, o caldo de limão e a salsa picada no creme.
3. Lave e seque os cogumelos e pique-os.
4. Despeje os cogumelos na mistura cremosa e tempere a gosto.
5. Despeje colheradas dessa mistura em tigelas individuais e polvilhe com um pouquinho de páprica.
6. Deixe 30 minutos na geladeira e sirva a seguir.

## ABOBRINHAS A VINAGRETE

(4 porções)

*8 abobrinhas bem pequenas*
*1 colher, de chá, de sal marinho*
*1 cebola grande*
*6 colheres, de sopa, de azeite de oliva*
*3 colheres, de sopa, de vinagre de maçã*
*1/2 colher, de chá, de mostarda*
*1/2 colher, de chá, de mel claro*
*Páprica*
*1 colher, de sopa, de salsa picada*

1. Lave as abobrinhas e corte em rodelas de 5 milímetros de espessura.
2. Despeje um pouco de água e sal marinho numa panela e espere ferver.
3. Junte as abobrinhas e deixe ferver em fogo brando durante 5 minutos, até as rodelas ficarem macias, mas não desmanchando.
4. Escorra bem e espere esfriar.
5. Corte a cebola em rodelas bem finas e disponha-as com as rodelas de abobrinha em tigelas individuais.
6. Misture o óleo, vinagre, mostarda e mel. Despeje sobre as abobrinhas.
7. Polvilhe cada tigela com uma pitada de páprica e com a salsa picada.
8. Deixe na geladeira por 30 minutos e leve a seguir à mesa.

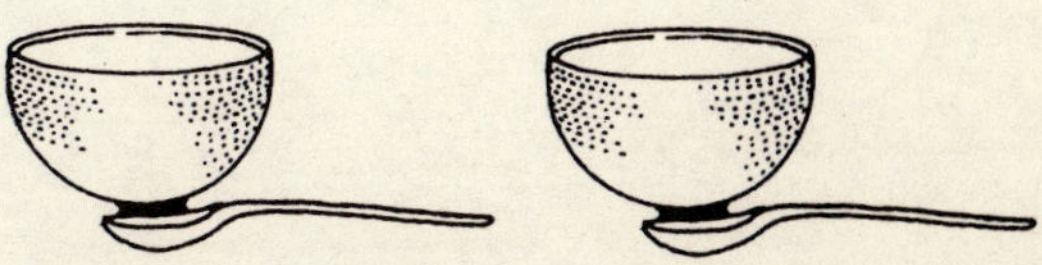

# 9

# SALADAS, GUARNIÇÕES E MOLHOS

## SALADA FAVORITA

(4 porções)

*4 colheres, de sopa, de guarnição francesa (p. 152)*
*450 g de repolho picado*

Outros ingredientes cuja quantidade dependerá do gosto:

*Pimenta vermelha ou verde*
*1 a 2 talos de aipo*
*Nozes recém-descascadas* ou *castanhas-de-caju* ou *amêndoas recém-descascadas*
*3 a 4 damascos secos, bem doces*
*1 a 2 maçãs*
*Pedaço pequeno de beterraba cozida*
*Cebolinha-capim* ou *cebola ralada*

1. Coloque a guarnição francesa numa tigela de bom tamanho.
2. Corte o repolho bem fino e misture com a guarnição francesa. (Repolho é ótima fonte de fibra dietética, só perdendo para o farelo de trigo.) Essa é a salada básica.
3. Despele a pimenta e corte-a em fatias. Pique o aipo e junte à salada.

4. Acrescente as castanhas e os damascos (após deixar ambos de molho) e corte-os em tiras bem finas.
5. Finalmente corte as maçãs sem lhes remover a casca, se tiver a certeza de que não contêm produtos químicos. Corte a beterraba em cubos e pique a cebolinha-capim bem fino ou rale a cebola.
6. Misutre todos os ingredientes muito bem, juntando mais guarnição, se necessário. O pedacinho de beterraba dará um lindo tom rosa à salada.

*Observação:* Os ingredientes desta salada podem variar de acordo com a época do ano, mas a base da salada deve ser sempre o repolho. Também a maçã é ingrediente indispensável. Podem-se conseguir variações infinitas juntando-se um ou mais destes ingredientes:

Raiz de funcho picada em tiras
Ervilhas verdes
Brotos de sementes ou de feijão *mung*
Pepino picado
Hortelã picada
Rabanete picado
Ervas secas ou verdes
Passas
Agrião picado grosso
Estragão fresco (soberbo!) picado bem fino
Salsa picada bem fino
Cenoura cortada em palitinhos ou passada em ralo grosso
Aipo picado
Gomos de laranja cortados em quatro
Mostarda e agrião

O segredo do êxito de uma salada desta espécie é a ampla variedade na textura dos ingredientes e nas dimensões do ingrediente picado. É importante que se possam ver os vários ingredientes, sob pena de a salada se reduzir a um mingau disforme. Uma faca afiada serve para cortar certas coisas; um ralador de aço inoxidável serve para picar outras, desde que tenha três tipos de perfurações cortantes; e tesouras de cozinha picam melhor certos ingredientes como a cebolinha-capim e a salsa.

## SALADA DE ABACATE À GUACAMOLE

(4 porções)

*2 abacates grandes*
*Caldo de 1 limão*
*2 tomates*
*2 talos de aipo*
*1/2 pimenta vermelha, despelada*
*1/2 cebola*
*1 dente de alho*
*1 colher, de sobremesa, de salsa picada fino*
*2 colheres, de sopa, de creme de leite*
*Sal marinho*
*Pimenta-do-reino recém-moída*

1. Parta os abacates de comprido. Retire os caroços e extraia a massa com uma colher, deixando um pouco da polpa aderida à casca, para dar consistência à concha que ela forma
2. Passe um pouco do caldo de limão na superfície interna das conchas para evitar o desbotamento.
3. Corte em cubinhos a polpa extraída do abacate, coloque numa tigela e borrife com o restante do caldo de limão.
4. Descasque os tomates, retire as sementes e pique.
5. Pique o aipo, a pimenta vermelha e a cebola. Junte os três ingredientes e os tomates aos cubinhos de abacate na tigela.
6. Junte o alho (depois de prensá-lo bem), a salsa, o creme e os temperos.
7. Misture bem. A salada ficará espessa, tornando-se sua própria guarnição.
8. Recheie as conchas de abacate e leve à geladeira antes de servir.

*Observação:* esta salada é uma entrada deliciosa para seis pessoas, caso as porções (menores) sejam servidas em pratos individuais.

Como alternativa, pode-se servi-la com fatias finas de queijo caseiro como prato principal para quatro pessoas, como almoço leve ou jantar.

## SALADA WALDORF

(4 a 6 porções)

*4 talos de aipo*
*50 g de nozes picadinhas*
*2 maçãs grandes*
*175 g de queijo caseiro*
*150 ml de maionese (p. 154)*
*Sal marinho*
*Pimenta-do-reino recém-moída*

1. Pique o aipo e as nozes.
2. Corte em cubos as maçãs e o queijo.
3. Misture tudo numa tigela de salada e junte a maionese.
4. Dê uma mistura final ao juntar sal e pimenta a gosto.

## SALADA DE REPOLHO CRU

(4 a 6 porções)

*350 g de repolho*
*225 g de cenoura*
*1 cebola pequena*
*50 g de passas sem sementes*
*275 ml de maionese (p. 154)*

1. Corte o repolho fino, rale as cenouras e corte a cebola bem fino.
2. Misture todos os ingredientes numa tigela de salada, junte a maionese e agite bem. Se quiser uma salada mais leve, faça-o com guarnição francesa (p. 152).

## SALADA DE ALHO-PORÓ

(4 porções)

*2 pés grandes de alho-poró*

*1 pimenta verde, pequena*

*50 g de nozes*

*Sal marinho*

*Pimenta-do-reino recém-moída*

*6 colheres de guarnição francesa (p. 152)*

1. Limpe os pés de alho-poró e corte-os transversalmente.
2. Deixe o alho-poró de molho em água fervente durante 2 minutos, escorra bem e espere esfriar.
3. Retire o miolo e sementes da pimenta verde e pique-a fino.
4. Pique as nozes.
5. Misture o alho-poró, pimenta verde e nozes numa tigela de salada. Junte guarnição e agite.

## SALADA DE AIPO, MAÇÃ E PASSAS

(4 porções)

*1 cabeça de aipo*

*2 maçãs vermelhas*

*50 g de passas*

*6 colheres, de sopa, de guarnição básica de creme azedo (p. 149).*

1. Lave bem o aipo e pique-o fino.
2. Lave *muito bem* as maçãs e corte-as em fatias.
3. Misture todos os ingredientes e agite bem, com a guarnição.

## SALADA DE TOMATE COM MANJERICÃO

(4 porções)

O sucesso desta salada depende do emprego dos melhores ingredientes: se possível, os grandes tomates (tipo caqui), manjericão *verde* e azeite de oliva de primeira.

*450 g de tomates bem grandes*

*1 dente de alho (facultativo)*

*2 a 3 cebolas-brancas*

*Punhado de folhas verde de manjericão*

*6 colheres, de sopa, de guarnição francesa feita com vinagre de maçã e azeite de oliva (p. 152).*

1. Despele os tomates e corte-os em fatias. Disponha-os numa travessa depois de friccioná-lo com o dente de alho partido.
2. Corte as cebolas-brancas bem fino e espalhe-as sobre os tomates.
3. Pique as folhas de manjericão bem fino e espalhe sobre as cebolas e tomates.
4. Despeje a guarnição francesa e aguarde 10 minutos para a perfeita integração do aroma e sabor.

*Observação:* Não prepare esta salada com grande antecedência porque os tomates amolecerão demais.

## SALADA DE REPOLHO ROXO E AVELÃ

(4 porções)

*450 g de repolho roxo*

*2 maçãs grandes*

*50 g de passas*

*4 colheres de guarnição francesa (p. 152)*

*50 g de avelãs picadas*

1. Lave o repolho e pique bem fino.
2. Extraia o miolo das maçãs e pique grosso.
3. Misture o repolho, maçãs e passas numa tigela para salada, despeje a guarnição e mexa bem.
4. Polvilhe a salada com as avelãs picadinhas na hora de levar à mesa.

*Observação:* esta salada fica melhor se feita com 1 a 2 horas de antecedência.

## GUARNIÇÃO BÁSICA DE CREME AZEDO

*150 ml de creme azedo*

*1 colher, de chá, de cebola* ou *cebolinha-capim picada bem fino*

*2 colheres, de sopa, de caldo de limão*

*1 colher, de chá, de mostarda em pó*

*1 colher, de chá, de mel*

1. Despeje todos os ingredientes no liquidificador e bata bem.

*Variantes:* Pode usar iogurte em vez de creme azedo, mas não é muito eficaz. Para temperar saladas de repolho, você conseguirá sabor especial juntando meia colher, de chá, de extrato de fermento.

## SALADA DE CHICÓRIA, NOZES E ALFACE-DE-CORDEIRO

(4 porções)

*450 g de chicória-branca (endívia)*

*3 cabeças de alface-de-cordeiro*

*50 g de nozes frescas, picadas grosso*

*4 colheres, de sopa, de guarnição francesa feita com azeite de oliva (p. 152)*

1. Lave a chicória e a alface-de-cordeiro. Seque com cuidado.
2. Pique a chicória e coloque numa tigela com as nozes.
3. Despeje parte da guarnição francesa e revolva os ingredientes no molho, para este se distribuir bem.
4. Distribua as folhas da alface-de-cordeiro numa travessa e empilhe a chicória e as nozes no centro. Despeje o restante da guarnição francesa e sirva imediatamente.

*Observação:* esta é uma salada para quem tem sua própria horta, pois nunca vi alface-de-cordeiro numa quitanda. É ótima hortaliça de inverno, que dá folhinhas verdes durante toda a época do frio. Sempre planto algumas em agosto * para ter sempre uma verdura para saladas numa época em que nada mais se consegue. (J.J.)

* Agosto/setembro é o fim do verão na Inglaterra e demais países do Hemisfério Norte. No Brasil é o fim do inverno. Acontece que aqui "a primavera é eterna", como já dizia o poeta. (N. do T.)

## SALADA DE CENOURA E BETERRABA BRANCA

(4 porções)

*225 g de beterraba branca, crua e ralada*

*225 g de cenoura ralada*

*3 colheres, de sopa, de salsa picada fino*

*150 ml de guarnição básica de creme azedo (p. 149)*

*Sal marinho*

*Pimenta-do-reino, recém-moída*

1. Misture a beterraba e a cenoura raladas e junte a salsa.
2. Despeje o creme básico de creme azedo e prove o tempero. Adicione sal e pimenta, se julgar necessário.

*Observação:* esta é outra salada para hortelãos zelosos. Desde a infância detestei beterraba vermelha, principalmente porque nas saladas britânicas o suco da beterraba em geral entra em choque com a cor do tomate. Experiências com as variedades branca e dourada (cujas sementes estão à venda) tiveram muito êxito. A variedade dourada é especialmente atraente. Tal salada pode também ser feita com quantidades idênticas de beterraba dourada e maçã, com algumas passas, usando-se a guarnição básica de creme azedo.

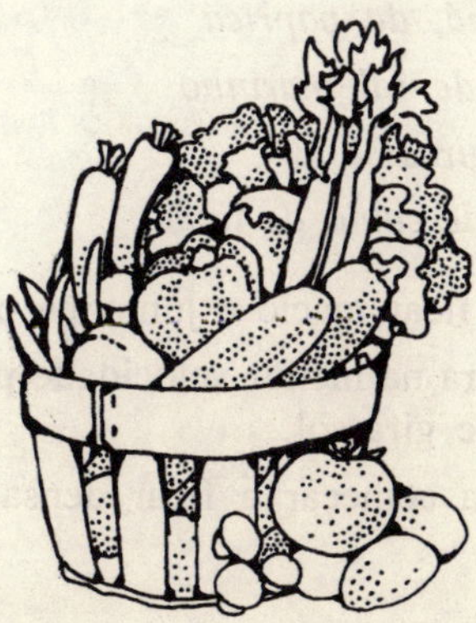

## GUARNIÇÃO FRANCESA BÁSICA

*1 colher, de chá, rasa de sal marinho*

*1 dente de alho esmagado (facultativo)*

*1 colher, de chá, de mostarda Dijon*

*2 colheres, de sopa, de caldo de limão recém-espremido ou vinagre de maçã*

*Pimenta-do-reino recém-moída*

*6 colheres de azeite de oliva* ou *de óleo de girassol extraído a frio*

1. Coloque todos os ingredientes num recipiente de tampa rosqueada e agite com energia.
2. A guarnição dá para temperar duas saladas ou mais. Pode guardá-la na geladeira.
3. Se preferir uma guarnição mais doce, junte uma colher, de chá, de mel claro à guarnição básica. Se não gostar de alho, substitua-o por cebolinha-capim picada, que dá sabor especial.

## MAIONESE SEM OVOS

*225 ml de creme batido*

*1 colher, de chá, de mel claro*

*1/4 de colher, de chá, de páprica*

*1/2 colher, de chá, de sal marinho*

*225 ml de óleo de girassol*

*2 colheres, de chá, de caldo de limão*

1. Bata o creme até ficar macio e junte-lhe o mel, páprica e sal.
2. Coloque a batedeira na menor velocidade possível e junte pouco a pouco o óleo de girassol.
3. Quando a mistura começar a ficar densa, despeje o caldo de limão.

## GUARNIÇÃO AGRIDOCE FAVORITA

*1 cebola-branca (chalota)*

*1 dente pequeno de alho partido ao meio*

*1 colher, de chá, de vinagre de maçã*

*1 colher, de chá, de caldo de limão*

*1 colher, de chá, bem cheia de mel*

*1 colher, de chá, de mostarda seca*

*1 fatia de pimenta vermelha (25 g) **

*125 ml de óleo de girassol ou azeite de oliva*

*Pitada de tomilho seco ou o equivalente em tomilho verde*

*2 a 3 folhas de salsa*

*Pitada de sal marinho*

1. Ponha todos os ingredientes — exceto o óleo — no copo do liquidificador e comece a bater.
2. Adicione o óleo lentamente por meio da abertura da tampa e deixe misturar até tudo ficar bem homogêneo e com a consistência de maionese leve.
3. Acrescente temperos se julgar necessário e conserve na geladeira, em pote com tampa rosqueada.
4. A guarnição economiza trabalho. Pode fazer o dobro da quantidade sugerida, pois se conserva bem quando refrigerada.

* Este ingrediente é importante.

## MAIONESE

*2 gemas de ovo à temperatura ambiente*

*1 colher, de chá, de mostarda seca*

*Pitada de sal marinho*

*Pimenta-do-reino recém-moída*

*2 colheres, de sopa, de vinagre de maçã*

*250 ml de azeite de oliva extraído a frio*

*1 colher, de sopa, de água fervendo*

1. Coloque as gemas de ovo e os temperos no liquidificador.
2. Junte o vinagre de maçã e bata os ingredientes a baixa velocidade.
3. Despeje o azeite num pequeno recipiente, retire a tampa central do liquidificador e vá pingando o molho, quase gota a gota, na mistura, enquanto esta é batida à mais baixa velocidade.
4. Continue a despejar o azeite bem devagar até a mistura começar a ficar espessa.
5. Quando a mistura estiver densa, junte o restante do azeite com maior rapidez até este ter sido absorvido pela mistura.
6. Junte a água fervendo e desligue o liquidificador.

## GUARNIÇÃO DE PÁPRICA

*1 colher, de sopa, de caldo de limão recém-espremido*

*3 colheres, de sopa, de azeite de oliva* ou *óleo de girassol extraído a frio*

*1 colher, de chá, de mel claro (o melhor é de acácia)*

*Uma boa pitada de páprica*

*Pitadinha de pimenta-de-caiena (facultativo)*

*1 colher, de chá, rasa da mistura de ervas que preferir*

*Sal marinho*

*Pimenta-do-reino recém-moída*

1. Coloque todos os ingredientes num recipiente com tampa de rosca e feche hermeticamente.
2. Agite com energia antes de usar.

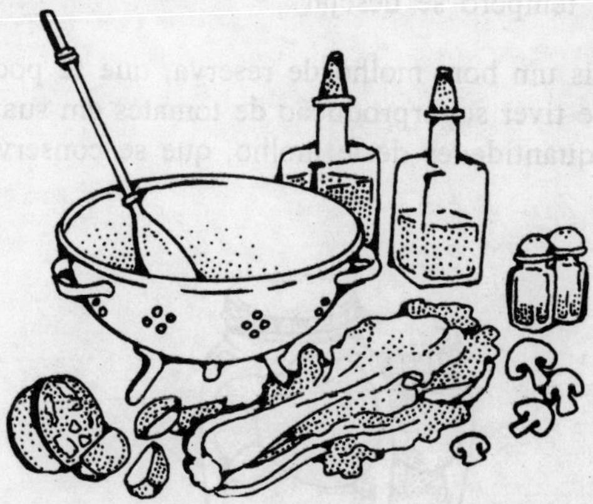

## MOLHO DE TOMATE

*1 cebola média*
*450 g de tomates frescos (grandes de preferência)*
*25 g de manteiga*
*250 ml de caldo de vegetais*
*1 dente de alho esmagado*
*1 colher, de sopa, de purê de tomate*
*1 punhadinho de folhas frescas de manjericão, picadas*
*Sal marinho*
*Pimenta-do-reino recém-moída*

1. Pique a cebola. Despele e pique os tomates.
2. Derreta a manteiga numa panela de fundo grosso e cozinhe a cebola em fogo brando até ficar translúcida.
3. Junte os ingredientes restantes e espere ferver.
4. Baixe o fogo e deixe ferver durante 20 minutos. Não tampe a panela.
5. Junte mais tempero se desejar.

*Observação:* eis um bom molho de reserva, que se pode conservar na geladeira. Se tiver superprodução de tomates em sua horta, pode fazer maiores quantidades deste molho, que se conserva no congelador.

## MOLHO DE PIMENTAS VERMELHAS

*225 g de pimentas vermelhas, sem sementes e cortadas grosso*

*2 a 3 grandes dentes de alho sem descascar*

*6 colheres, de sopa, de azeite de oliva* ou *óleo de girassol, extraído a frio*

*1 colher, de sobremesa, de caldo de limão*

*Sal marinho*

*Pimenta-do-reino recém-moída*

1. Coloque as pimentas vermelhas e o alho numa panela com água que dê apenas para cobrir. Ferva em fogo brando por 10 minutos, até as pimentas ficarem bem macias.
2. Escorra, descasque os dentes de alho e bata as pimentas e o alho no liquidificador durante um minuto.
3. Coloque o liquidificador na velocidade mínima. Junte o óleo, gota a gota, bem devagar, até a mistura engrossar. Complete com caldo de limão.

*Observação:* eis um molho excelente para servir sobre pêras descascadas e cortadas em fatias. Corte-as em fatias longitudinais para dar uma apresentação mais atraente. Pode usar este prato como uma entrada colorida para ocasiões especiais.

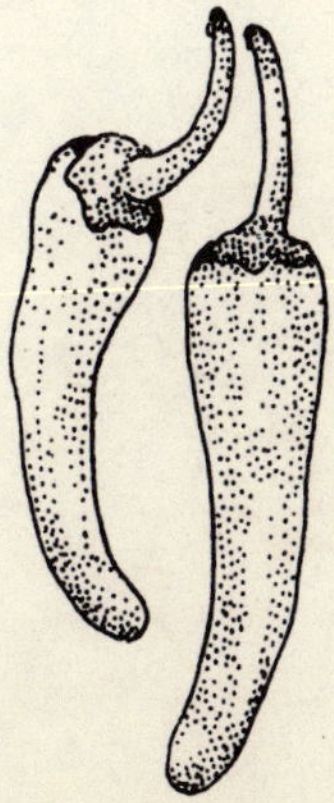

# 10

# PRATOS PRINCIPAIS

## SOLHA AO FORNO

(2 porções)

Escolha um peixe médio para cada pessoa. Peça para o vendedor retirar a pele dos dois lados da solha.

*2 solhas médias, despeladas dos dois lados, mas com espinha*

*2 colheres, de sopa, de manteiga*

*60 ml de vinho branco seco*

*60 ml de água* ou *caldo de peixe*

*Caldo de 1/2 limão*

1. Aqueça o forno a 180 graus.
2. Tempere os peixes e coloque-os numa travessa refratária no forno, bem untada com manteiga.
3. Despeje o vinho, a água (ou caldo) e o suco de limão sobre os peixes.
4. Deixe assar por 15 minutos, untando a intervalos.
5. Doure os peixes por 2 minutos sob grelha bem quente.

## CAVALA COM MOLHO DE AZEDA-MIÚDA OU GROSELHA

Compre peixes pequenos e frescos. Limpe e perfure três vezes em cada lado da espinha com uma faca afiada para que o calor penetre nas partes mais grossas. Asse sob grelha bem quente, virando os peixes a cada 4 a 7 minutos. Ponha numa travessa e conserve quente até preparar o molho.

**Molho de azeda-miúda**

(4 porções)

*1 bom punhado de folhas de azeda-miúda*

*25 g de manteiga*

*150 g de creme de leite leve*

*150 g de creme de leite denso*

*Caldo que escorreu do peixe assado*

*Sal marinho*

*Pimenta-do-reino recém-moída*

1. Retire os talos da azeda-miúda e lave bem as folhas.
2. Coloque as folhas e manteiga numa panela de fundo grosso e deixe as folhas fritarem em fogo baixo, na manteiga, até se reduzirem a um purê (leva de 3 a 4 minutos).
3. Noutra panela, aqueça os cremes sem deixar que fervam. Despeje o purê de azeda-miúda e o caldo de peixe, feito com um pouco de água que se pinga na panela na qual as cavalas foram grelhadas. Espere ferver.
4. Tempere a gosto e sirva com os peixes.

**Molho de groselha**

(4 porções)

Eis o clássico molho para cavalas.

1. Siga o método citado antes, substituindo a azeda-miúda por groselhas bem maduras. Empregue 2 xícaras de 225 g de groselhas lavadas e fervidas em fogo brando com um pouco de manteiga até ficarem macias o bastante para serem batidas no liquidificador.

## SUFLÊ DE QUEIJO (Para uso ocasional)

(2 porções)

*1 ovo inteiro* e *1 gema*

*225 ml de leite*

*125 g de queijo caseiro e macio picado*

*1 batata média, cozida e descascada*

*Sal marinho*

*Pimenta-do-reino recém-moída*

1. Aqueça o forno a 190 graus.
2. Coloque o ovo inteiro, a gema, o leite e o queijo no liquidificador e bata por um minuto.
3. Junte a batata em fatias. Tempere e bata até todos os ingredientes se transformarem num purê macio. (Permite-se batata nesta receita porque seu teor de amido é menor do que o da farinha que se usaria para engrossar a mistura.)
4. Unte quatro forminhas de suflê com manteiga e distribua nelas o purê.
5. Asse por 30 a 35 minutos, até a superfície ficar corada, e sirva imediatamente (o suflê murcha com grande rapidez!). Sirva com a salada favorita (p. 143).

## TRUTA ESCALDADA COM CREME E MOLHO DE SALSA

(4 porções)

*4 trutas de água doce*

*2/4 litros de água*

*6 colheres, de sopa, de vinagre de vinho*

*2 folhas de louro*

*10 pimentas-do-reino inteiras*

1. Limpe as trutas o mais rápido possível, mas não as enxágüe.
2. Ferva a água e o vinagre numa panela grande e junte as folhas de louro e os grãos de pimenta-do-reino.
3. Para servir quente, coloque as trutas na água fervente e aguarde uns 5 a 10 minutos, dependendo do tamanho dos peixes (que precisarão cozinhar). Sirva com molho de creme e salsa (receita seguinte).
4. Para servir frio, coloque as trutas na água fervente e aguarde de 5 a 10 minutos. Quando estiverem cozidas, retire a panela do fogo e espere esfriar.

**Molho de creme e salsa**

*50 g de manteiga sem sal*

*150 g de creme de leite denso*

*Sal marinho*

*Pimenta-do-reino recém-moída*

*1 colher, de sopa, de salsa picada bem fino*

1. Derreta a manteiga numa panela de fundo grosso.
2. Derretida a manteiga, junte o creme. Vá mexendo, em fogo baixo, até o molho borbulhar.
3. Tempere com sal e pimenta. Junte a salsa e misture. Sirva logo.

*Observação:* truta fria vai bem com uma salada de verduras que tenha recebido algumas fatias de raiz de funcho.

## FRANGO COM LIMÃO

(4 a 6 porções)

*1 frango de 2 a 3 kg*

*50 g de manteiga*

*1 limão*

*1 cabeça de cravo fincada numa cebola*

*1 talo de estragão fresco (use salsa se não tiver estragão)*

*Sal marinho*

*Pimenta-do-reino recém-moída*

1. Aqueça o forno a 220 graus.
2. Limpe o frango e distribua metade da manteiga em seu interior com um pedaço de casca de limão, a cebola com cravo, o estragão (ou salsa), uma pitada de sal marinho e pimenta-do-reino moída.
3. Esprema o limão e espalhe seu caldo em toda a superfície externa do frango, adicionando um pouco de sal e pimenta-do-reino.
4. Coloque o frango numa grande folha de papel para assados, previamente respingada de manteiga. Use a manteiga restante para untar o peito e pernas do frango.
5. Despeje por cima o caldo de limão restante e envolva o frango dobrando a folha de papel. Envolva tudo em papel aluminizado*, mas não faça um embrulho hermético.
6. Leve ao forno pré-aquecido para assar durante 1 hora.
7. Aos 30 minutos retire do forno, desembrulhe o frango e unte bem. Recoloque no forno. Aos 80 minutos, abra a parte superior do pacote para que o peito do frango fique corado.
8. Este frango é também delicioso quando servido quente com verduras ou frio com uma salada de hortaliças.

---

* O uso de papel como envoltório evita qualquer contaminação pelo papel aluminizado.

## FRANGO FRIO À LA HAY

(4 a 6 porções)

*1 frango tenro*

*1* bouquet garni *(2 a 3 talos de salsa, 1 talo de tomilho e 1 folha de louro acondicionados em saquinho de musselina para sua fácil remoção)*

*2 gemas de ovo*

*250 g de creme denso*

*Casca de limão ralada*

1. Coloque o frango numa panela grande com um *bouquet garni* e encha de água até a metade. Deixe cozinhar devagar no forno à temperatura de 180 graus. (O tempo de cozimento depende do tamanho do frango.)
2. Retire do forno e deixe esfriar.
3. Corte o frango em pedaços grandes e distribua numa travessa.
4. Bata as gemas de ovo com o creme e leve ao forno brando, mexendo sempre até angrossar um pouco, mas não deixe ferver.
5. Despeje sobre o frango e polvilhe com a casca ralada de limão. O molho engrossará na medida em que o frango esfriar. Sirva com uma salada mista de verduras.

**Variação:**

## FRANGO SIMPLES COM ESTRAGÃO

O frango simples com estragão é uma deliciosa variante desta receita. Em vez do *bouquet garni* que se junta quando se cozinha o frango, use vários talos de estragão verde. Depois que o prato final tiver esfriado, polvilhe o frango com estragão fresco e picadinho, substituindo o limão.

## VEGETAIS COM CARNE PICADINHA

(3 a 4 porções)

*1 colher, de sobremesa, de óleo de girassol*

*350 g de carne magra, picadinha*

*Sementes de 3 a 4 vagens de cardamomo*

*1/2 colher, de chá, de tomilho seco*

*1 pedacinho de casca de laranja bem lavada*

*3 colheres, de sopa, de água*

*350 g de vegetais sortidos, picados grosso, como 1 ou 2 abobrinhas, 2 cogumelos grandes, 1 cenoura grande, 1 pedaço de aipo, 3 a 4 cebolas-brancas (chalotas)* ou *1 cebola, 1/4 de pimenta vermelha (ou mais, se desejar)*

*1/2 colher, de chá, de farinha de batata*

*1 colher, de sopa, de salsa picada bem fino*

*Sal marinho*

*Pimenta-do-reino recém-moída*

**Como guarnição:**

*4 a 6 tomates*

*1 colher, de chá, de manjericão fresco picados (use manjericão seco, se não encontrar o verde)*

1. Despeje o óleo numa panela de fundo grosso. Quando estiver meio aquecido, junte a carne picadinha, sementes de cardamomo, tomilho e casca de laranja. Mexa com uma colher de pau até os pedacinhos de carne se soltarem.
2. Despeje a água e os vegetais preparados com antecedência. Tampe a panela e deixe ferver em fogo brando durante 90 minutos. Junte um pouco mais de água durante o cozimento, se necessário. Não exagere, pois a água precisará ter-se evaporado quase que por completo quando a carne estiver cozida.
3. À parte, misture a farinha de batata com 1 colher, de chá, de água. Despeje na mistura de carne e espere engrossar um pouco. Tempere e junte salsa picada.
4. Despeje numa travessa guarnecida com tomates partidos ao meio e assados, previamente polvilhados com manjericão picadinho.

## OMELETAS INDIVIDUAIS

Para cada omeleta:

*1 tomate pequeno*

*1 ovo grande*

*Sal marinho*

*Pimenta-do-reino*

*15 g de manteiga*

*Salsa picada*

1. Despele o tomate, remova as sementes, pique e tempere.
2. Quebre o ovo numa tigela e bata energicamente com dois garfos, juntando uma pitada de sal marinho e pimenta-do-reino recém-moída.
3. Aqueça uma frigideira para omeleta (de 10 cm), mas não muito. Baixe o fogo.
4. Coloque a manteiga na frigideira. Quando a manteiga tiver derretido e estiver começando a ficar colorida, despeje o ovo.
5. Junte a mistura de tomate no centro e com um garfo erga as bordas da massa de ovo para acondicionar bem o tomate.
6. A partir daqui, as instruções de Elizabeth Davis são inigualáveis:

   Incline a frigideira para o lado e, com um garfo ou espátula, puxe um pouco da mistura do extremo oposto do ovo. Agora incline a frigideira para o lado contrário, para que o ovo ainda mole escorra para o espaço que você lhe reservou. Quando sobrar apenas um pouco de mistura na superfície da omeleta, ela está pronta. Dobre em três com o garfo ou espátula, segure a frigideira de lado e transfira a omeleta para um prato.
7. Enfeite com muita salsa picada.

*Observação:* Omeletas com recheio frio são um prato delicioso, no Verão ou no Inverno. Os recheios variam: queijo ralado; ervas; cogumelos com creme; ervilhas cozidas.

## OMELETA ESPANHOLA

(2 porções)

*2 colheres, de sobremesa, de azeite de oliva* ou *de óleo de girassol extraído a frio*

*225 g de vegetais mistos previamente preparadas, como abobrinhas em fatias, pimenta (vermelha ou verde) picada, cenouras picadas, 1 ou 2 cogumelos em fatias*

*1 colher, de sopa, de salsa picada bem fino*

*Sal marinho*

*Pimenta-do-reino recém-moída*

*3 ovos inteiros* e *1 gema*

*25 g de queijo caseiro ralado*

1. Aqueça o óleo numa panela de fundo grosso.
2. Junte os vegetais e mexa por alguns minutos, em fogo médio, até os ingredientes começarem a soltar água.
3. Coloque em fogo baixo e cozinhe misturando sem parar, até tudo ficar macio, mas não papa.
4. Despeje a salsa picada e tempere com sal e pimenta-do-reino.
5. Bata um pouco os ovos e a gema sobressalente. Junte tempero.
6. Aqueça uma frigideira para omeleta (23 cm de diâmetro), despeje 1 colher, de sobremesa, de óleo e espere aquecer. Não deixe fumegar.
7. Transfira a mistura de vegetais para a frigideira e misture devagar.
8. Despeje os ovos sobre a mistura de vegetais e mexa com cuidado.
9. Continue misturando com um garfo durante 30 segundos, até a omeleta começar a endurecer.
10. Espalhe o queijo ralado e coloque sob a grelha do forno pré-aquecida. Não espere que a omeleta fique muito firme no centro.
11. Corte ao meio, desprenda os pedaços do fundo da frigideira com uma espátula e transfira para uma travessa quente para levar à mesa.

*Observação:* esta omeleta é boa com uma salada de verduras, com agrião ou mostarda cultivada em casa.

## OVOS RECHEADOS

(4 porções)

*4 ovos*

*Sal marinho*

*Pimenta-do-reino recém-moída*

*1 colher, de chá, de extrató de levedura*

*Iogurte*

*Páprica*

*Talinhos de salsa*

1. Ponha os ovos inteiros numa panela de água fria, espere ferver a aguarde 10 minutos.
2. Escorra a água e deixe a panela sob a água corrente da torneira durante alguns minutos, até perceber que os ovos esfriaram. (Isto evita a descoloração das gemas.)
3. Descasque os ovos e corte-os ao meio, de comprido.
4. Retire as gemas e coloque-as numa batedeira, adicionando-lhes o tempero e o extrato de fermento. Bata com bastante iogurte para que a mistura fique densa, mas cremosa.
5. Com uma colherinha, retire (e jogue fora) parte da clara de cada metade do ovo, criando mais espaço para o recheio.
6. Despeje a mistura de gema nas conchas de clara e enfeite com páprica em pó e talinhos de salsa.

*Observação:* pode preparar esta receita sem batedeira de massa, desde que passe as gemas de ovo em peneira bem fina, junte o iogurte e empregue uma batedeira de ovo. A batedeira de massa dá melhores resultados.

## COUVE-FLOR CREMOSA

(4 porções)

*1 couve-flor média*

*125 g de requeijão*

*4 colheres, de sopa, de creme denso*

*50 g de queijo caseiro ralado*

1. Corte a couve-flor em fatias finas e coloque numa panela de fundo grosso.
2. Junte um pouco de água e cozinhe em fogo brando até os pedaços de couve-flor ficarem macios, mas não desmanchando. A essa altura, quase não restou água nenhuma.
3. Use uma batedeira de ovos para bater a couve-flor na panela, tornando-a meio cremosa.
4. Junte o requeijão e creme suficiente para ter uma mistura bem macia.
5. Despeje numa assadeira rasa, untada. Polvilhe com o queijo ralado e coloque sob a grelha do forno para corar.

## BOLINHOS DE AMÊNDOA

(4 porções)

*150 g de amêndoas*

*150 g de queijo cremoso sem aditivos*

*1 dente pequeno de alho esmagado (facultativo)*

*Sementes de gergelim torradas*

1. Deixe as amêndoas de molho em água quente para remover as cascas com maior facilidade.
2. Pique as amêndoas e misture-as ao queijo cremoso.
3. Junte o dente de alho, se quiser.
4. Faça bolinhos e role-os nas sementes torradas de gergelim.

*Observação:* também pode fazer esta receita com queijo caseiro ralado fino em vez de queijo cremoso, empregando um pouco de creme para dar liga à mistura.

## RECHEIO DE GERME DE TRIGO

Pode ser usado no lugar dos costumeiros recheios de pão, com frango ou peru assado, ou para rechear batatas ou azeitonas.

*4 colheres, de sopa, bem cheias de germe de trigo*

*2 colheres, de sopa, de salsa picada*

*1 cogumelo grande, picado fino*

*1 colher, de sopa, de óleo de girassol* ou *manteiga derretida*

*1 gema de ovo*

*1 cebolinha picada*

*1 colher, de chá, de caldo de limão*

*1 colher, de chá, bem cheia de tomilho seco* (ou *2 colheres, de chá, de tominho fresco*)

*Pitada de manjerona seca*

*Noz-moscada ralada*

*Sal marinho*

*Pimenta-do-reino recém-moída*

*Água* ou *vinho tinto seco* ou *vinho branco*

1. Misture o germe de trigo, salsa, cogumelo picado, óleo, gema de ovo, cebola e caldo de limão.
2. Junte as ervas e uma pitada de noz-moscada ralada.
3. Tempere e umedeça com água ou vinho, segundo a necessidade.

## RECHEIO DE FRUTAS

(Excelente para galinha, carneiro ou porco)

*75 g de damascos secos*
*100 g de ameixas secas*
*1 maçã grande*
*3 colheres, de sopa, de germe de trigo*
*50 g de nozes recém-descascadas ou outra castanha que preferir*
*Caldo de casca ralada de um limão bem lavado*
*1 colher, de sopa, de óleo de girassol extraído a frio*
*Gema de 1 ovo*
*Sal marinho*
*Pimenta-do-reino recém-moída*

1. Deixe os damascos e ameixas de molho durante a noite.
2. Corte os damascos e ameixas em pedacinhos.
3. Descasque a maçã e pique-a grosso.
4. Pique as nozes em pedaços pequenos.
5. Coloque todos os ingredientes numa tigela e misture bem.

# CALDOS GROSSOS SEM FARINHA

**Para engrossar caldos:**

Empregue farinha de batata, permitida porque se usa muito pouco; uma colher, de chá, ou até menos basta. Misture uma colher, de chá, de farinha de batata com um pouco de água fria e despeje no caldo de carne ou de vegetais. Cozinhe em fogo brando, pois fogo alto faz o caldo ficar ralo de novo.

**Para engrossar cozidos de carne:**

Cozinhe a carne com muitos vegetais e pouca água. Depois do cozimento, despeje parte do líquido com alguns dos vegetais no liquidificador e bata até conseguir a densidade desejada.

**Cobertura para vegetais:**

Misture uma gema de ovo em 2 colheres, de sopa, ou mais de creme espesso, tempere e junte ao caldo vegetal que ficou na panela onde os vegetais foram cozidos (o caldo deve dar de 2 a 3 colheres). Cozinhe em fogo brando para não engrossar muito. Esta cobertura é especial para cenouras, abobrinhas e feijões verdes. Não apenas ativa o sabor dos vegetais: usa o caldo vegetal, rico em nutrientes, que em geral se joga fora — a menos que os vegetais tenham sido cozidos no vapor.

# 11

# VEGETAIS

## TOMATE COM BERINJELA

*2 cebolas grandes*

*150 ml de azeite de oliva extraído a frio*

*2 berinjelas*

*2 pimentas vermelhas ou verdes*

*4 a 6 tomates*

1. Descasque e corte as cebolas em fatias.
2. Coloque as cebolas e o óleo numa panela grande, de fundo grosso, em fogo brando.
3. Enquanto as cebolas amaciam, corte as berinjelas em cubos, sem descascá-las. Retire as sementes das pimentas e corte-as em fatias.
4. Quando as cebolas estiverem macias, junte as berinjelas e pimentas. Deixe cozinhar no óleo, em fogo brando, por 10 minutos.
5. Despele e pique os tomates. Junte-os à mistura de vegetais. Continue cozinhando em fogo baixo, com a panela tampada, por 1/2 hora.
6. Destampe a panela e deixe cozinhar por mais 10 minutos. (Ver observação na página seguinte).

*Observação:* este prato dá margem a variantes. Pode-se alterar as quantidades segundo os ingredientes disponíveis. Pimentas podem ser substituídas por abobrinhas, se preferir, ou se tiver uma superprodução na horta.

## ABOBRINHA DE LUXE

(4 porções)

*8 abobrinhas médias*
*Sal marinho*
*3 a 4 colheres, de sopa, de creme espesso*
*Pimenta-do-reino moída*
*Salsa picada bem fino*

1. Lave as abobrinhas e corte-as em rodelas de 1 cm de espessura.
2. Despeje numa panela de fundo grosso água que dê apenas para cobrir o fundo.
3. Junte uma pitada de sal e as abobrinhas. Cozinhe em fogo moderado de 2 a 3 minutos, mexendo sem parar, até as cascas ficarem de um verde-claro.
4. Tampe a panela e baixe o fogo, despejando um pouco de água, se necessário.
5. Ferva em fogo brando por 6 minutos até as abobrinhas amaciarem (sem contudo desmancharem). Mexa de vez em quando.
6. Retire a panela do fogo e junte o creme e uma pitada de pimenta-do-reino.
7. Aguarde dois minutos para servir, pois assim o creme engrossa um pouco e envolve as abobrinhas.
8. Despeje numa travessa quente, guarneça com salsa picada e leve à mesa.

*Observação:* O creme usado dessa forma é menos gorduroso do que quando se usa o método ortodoxo de fritar as abobrinhas em manteiga ou óleo; pois assim absorvem grande quantidade de gordura no cozimento.

## BOTÕES DE BRÓCOLOS COM ALHO-PORÓ

(4 porções)

*450 g de botões de brócolos*

*2 pés grandes de alho-poró*

*1/2 colher, de chá, de sementes de coentro*

*Sal marinho*

*Pimenta-do-reino recém-moída*

*2 colheres, de sopa, de azeite de oliva*

1. Lave os brócolos retirando-lhes todos os talos duros ou folhas danificadas.
2. Cozinhe os brócolos ao vapor até os talos amaciarem.
3. Lave e limpe o alho-poró. Corte-o transversalmente.
4. Despeje o alho-poró numa panela que contenha de 3 a 5 cm de água fervendo à qual tenha adicionado um pouco de sal e as sementes esmagadas de coentro.
5. Deixe ferver em fogo brando de 4 a 5 minutos.
6. Retire o alho-poró da água assim que estiver macio, escorra e coloque numa travessa quente.
7. Retire os brócolos da vasilha de cozimento no vapor e distribua sobre os pedaços de alho-poró.
8. Guarneça com sal e pimenta-do-reino recém-moída. Despeje por cima o azeite de oliva.
9. Sirva quente ou frio.

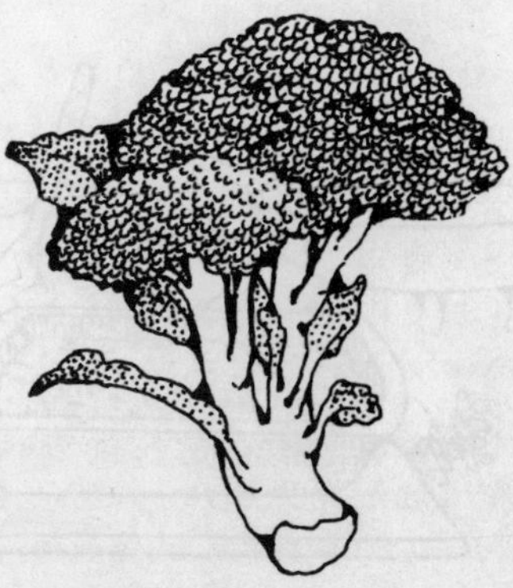

## PURÊ DE AIPO

(4 porções)

Aqui se usa a raiz de aipo, vegetal muito útil, que pode substituir a batata, se você quiser algum vegetal mais substancial para acompanhar um prato de carne bovina ou de frango.

*650 g de raiz de aipo*

*150 ml de creme leve*

*Sal marinho*

*Pimenta-do-reino recém-moída*

1. Descasque as raízes de aipo o mais fino possível, corte em pedacinhos e ferva em água meio salgada até amaciar.
2. Escorra a água do aipo, passe por uma peneira fina ou esmague com um garfo.
3. Recoloque o aipo na panela e leve ao fogo brando. Junte o creme pouco a pouco, batendo para conseguir o purê.
4. Tempere com sal marinho (se necessário) e com pimenta-do-reino moída.

*Observação:* você também pode servir este purê como prato principal, se o polvilhar com 1 xícara (100 g) de queijo caseiro ralado e o colocar sob a grelha bem quente do forno durante alguns minutos.

Pode preparar pastinaca da mesma forma, se não conseguir raiz de aipo.

## REPOLHO AMANTEIGADO

*1 repolho médio*

*Sal marinho*

*15 g de manteiga*

*Noz-moscada recém-ralada*

*Pimenta-do-reino recém-moída*

1. Lave e corte o repolho fino.
2. Despeje 2 cm de água numa panela de fundo grosso, junte uma pitada de sal e espere ferver.
3. Junte as folhas externas do repolho já cortado, tampe a panela e ferva por 3 minutos.
4. Acrescente o restante do repolho e ferva até ficar cozido e macio, mas não desmanchando (não mais que 5 minutos).
5. Escorra o repolho, guardando a água para um caldo vegetal.
6. Lave a panela, despeje a manteiga e derreta em fogo baixo.
7. Junte o repolho com muita pimenta-do-reino moída e uma pitada de noz-moscada.
8. Tampe a panela e deixe cozinhar em fogo brando por um minuto mais ou menos, misturando de vez em quando. Sirva imediatamente, para desfrutar a maciez ainda firme do repolho e do aroma que solta a noz.

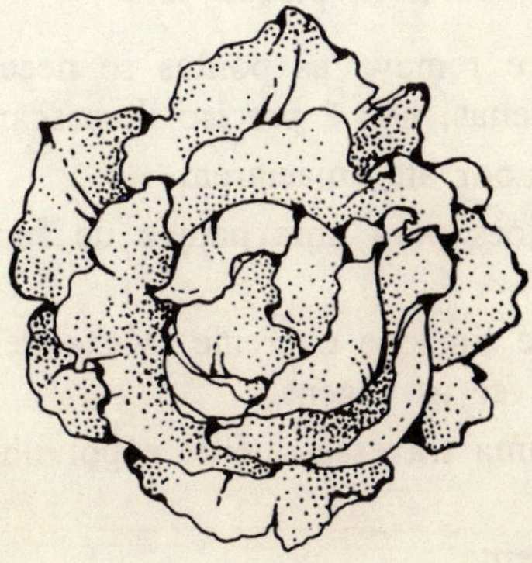

## COGUMELOS PICANTES

(4 porções)

*12 cogumelos médios*
*25 g de manteiga*
*Sal marinho*
*Pimenta-do-reino recém-moída*
*Noz-moscada ralada*

1. Aqueça o forno a 190 graus.
2. Lave e seque os cogumelos. Coloque-os com as bordas de seus chapéus voltadas para cima, em tigela refratária ao fogo e untada de leve.
3. Coloque um pouquinho de manteiga dentro de cada chapéu.
4. Polvilhe cada um com sal, pimenta-do-reino e (importantíssimo) com uma pitada de noz-moscada.
5. Deixe no forno até cozinhar (uns 20 minutos).

*Observação:* eis uma forma deliciosa de preparar cogumelos. Faz com que os produtos comerciais pareçam cogumelos do campo.

## FEIJÕES VERDES

*450 g de feijões verdes em vagens bem pequenas e tenras*
*1 colher, de sopa, de caldo de limão*
*4 colheres, de sopa, de creme denso*
*2 colheres, de sopa, de salsa picada fino*

1. Lave os feijões e remova as pontas se necessário. Já que as vagens são pequenas, não é preciso descascar ou picar.
2. Cozinhe-os no vapor até amaciarem.
3. Transfira os feijões para uma panela de fundo grosso e leve ao fogo médio.
4. Junte o caldo de limão e o creme. Mexa delicadamente, para o tempero envolver as vagens.
5. Transfira para uma travessa quente e polvilhe com a salsa picada.
6. Sirva imediatamente.

## ABOBRINHA AMANTEIGADA

(4 porções)

A abóbora é uma das maiores dádivas da Natureza. Uma aboboreira abastece uma família, motivo pelo qual vale a pena reservar-lhe um espaço no canto da horta.

*1 abobrinha média*

*50 g de manteiga*

*Sal marinho*

*Pimenta-do-reino recém-moída*

1. Lave a abobrinha e perfure a casca com um garfo em dois ou três pontos.
2. Cozinhe no vapor durante 45 minutos ou até perceber que a polpa é facilmente perfurada por um garfo.
3. Retire do vapor e coloque num prato para escorrer.
4. Corte a abobrinha transversalmente, em quatro grossas rodelas, e espere que mais água escorra.
5. Coloque as rodelas numa travessa quente, tempere com um pouco de sal e com pimenta-do-reino moída. Complete com uma pelotinha de manteiga em cada rodela.
6. Sirva imediatamente.

*Observação:* esta receita é para um prato secundário. Mas pode servir a abobrinha como prato principal para duas pessoas se a cozinhar no vapor conforme explicado, cortá-la longitudinalmente, despejar 1/2 xícara de queijo caseiro ralado em cada metade e levar ao forno para corar sob a grelha.

# 12

# SOBREMESAS

## SOBREMESA DE FRUTAS E FRAMBOESA

Para ocasiões festivas
(4 a 6 porções)

*250 g de framboesas congeladas*
*4 laranjas grandes*
*8 damascos bem doces, secos e deixados à noite em água*
*4 pêras grandes maduras*
*100 g de uvas doces*
*2 a 3 frutas de quivi (groselha-chinesa)* *
*1 banana bem madura*

1. Descongele as framboesas e passe-as por fina peneira de náilon.
2. Ponha essa massa de framboesas numa tigela grande com o caldo de duas laranjas e parte do suco resultante da água em que os damascos ficaram de molho, para que a mistura adquira uma consistência cremosa, mas não leve.
3. Prepare as frutas restantes: descasque as outras duas laranjas com faca bem afiada, removendo a camada branca sob a casca.

---

* O quivi é também uma ave, da família das *Apterygidae*, existente na Nova Zelândia. (N. do T.)

Então poderá destacar os gomos, sem a pele externa. Corte os damascos em tiras. Descasque, retire os caroços e pique uma fruta de quivi, cortando em fatias finas. Descasque a banana e corte em fatias.

4. Junte todas essas frutas à massa de framboesas.
5. Despeje toda a mistura numa travessa de vidro. Descasque os quivis restantes e corte em rodelas bem finas. Mergulhe as extremidades dos quivis na mistura de frutas. Distribua as rodelas num círculo justaposto no alto da sobremesa, dando-lhe uma aparência exótica.
6. Como toque final, coloque bem no centro um botão de rosa entreaberto (bem limpo, por favor!) ou qualquer outra flor da época.

*Observação:* a massa de framboesas confere linda cor e delicioso aroma a esta sobremesa. Se as frutas forem tão doces quanto devem ser, não é preciso adoçar. Não encontrando quivis, empregue um punhadinho de passas secas ao sol, para decorar a sobremesa.

À parte, pode servir creme batido, embora não seja necessário.

## MUSSE DE MORANGOS CONGELADOS

*225 g de morangos descongelados* ou *de morangos frescos*

*2 colheres, de sopa, de mel de flor de acácia* ou *de mel semelhante, claro e suave*

*150 ml de creme espesso*

*2 colheres, de sopa, bem cheias de leite em pó desnatado, dissolvido em pouquíssima água*

1. Coloque os morangos e o mel no liquidificador e bata bem.
2. À parte, bata o creme e o leite em pó diluído, até formar montículos macios.
3. Despeje a mistura de morangos no creme.
4. Coloque numa travessa ou em forminhas individuais, tampe com papel aluminizado e congele.

*Observação:* trata-se de um pudim delicioso e refrescante para consumo ocasional.

## PUDIM PICANTE DE MAÇÃS E PASSAS

(2 a 3 porções)

*450 g de maçãs para sobremesa*

*225 g de maçãs azedas*

*3/4 de colher, de chá, de cravo moído*

*1/2 colher, de chá, de canela moída*

*100 g de passas*

*1 noz-moscada ralada*

*1 colher, de sopa, de água*

1. Extraia os miolos das maçãs, descasque-as e corte em fatias bem finas numa panela. Junte os temperos e passas.
2. Despeje um pouquinho de água e cozinhe em fogo brando, com a panela tampada, por 10 minutos, até as maçãs ficarem macias e fofas.
3. Sirva quente ou frio. Mas é sobremesa especialmente boa quando servida quente em dia frio, para variar a dieta de frutas frescas e cruas.

*Observação:* pode-se fazer quantidades maiores, de 1,5 kg por exemplo, a fim de aproveitar a superprodução de maçãs, e conservar no congelador.

Se usar principalmente maçãs doces, própria para sobremesa, não precisará juntar adoçante.

## TRÊS PUDINS INSTANTÂNEOS DE MAÇÃ

**Maçãs recheadas e assadas**

1. Lave uma maçã doce grande para cada pessoa. Extraia o miolo.
2. Recheie o centro de cada maçã com passas ou tâmaras picadas. Coloque uma colher, de chá, de mel sobre o recheio.
3. Coloque numa assadeira e leve ao forno pré-aquecido a 180 graus. Espere as maçãs amaciarem — o que demora de 35 a 45 minutos.

**Purê de damascos com maçã**

A quantidade varia conforme o número de porções desejadas.

1. Junte 1/3 de damascos (secos e deixados previamente de molho) a 2/3 de maçãs doces (cozidas).
2. Despeje no liquidificador e bata até conseguir um mingau bem denso.
3. Adicione um pouco de mel para ativar o gosto e sirva guarnecido com creme batido e nozes picadas.

**Pudim de maçãs e passas**

1. Intercale passas e fatias de maçãs doces e descascadas numa assadeira e borrife com o caldo de uma laranja diluído num pouco de água.
2. Asse em forno moderado (180 graus) até a maçã amaciar.
3. Polvilhe com uma mistura de nozes picadas e germe de trigo. Sirva com creme batido. Quente ou frio, é sempre bom.

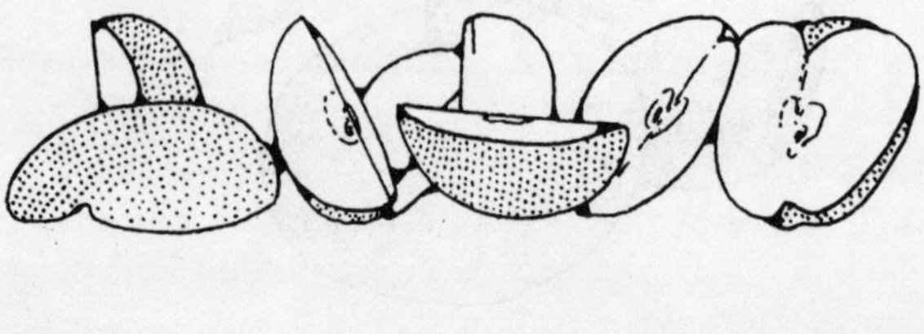

## MUSSE DE DAMASCO

(4 porções)

*225 g de damascos secos*
*4 colheres, de sopa, de iogurte natural*
*Amêndoas em flocos para a cobertura*

1. Lave e enxágüe os damascos secos. Deixe-os de molho à noite em água que só dê para cobri-los.
2. Coloque os damascos (e o seu caldo) no liquidificador e bata bem.
3. Despeje o iogurte na massa de damascos e distribua em recipientes individuais.
4. Enfeite com uma cobertura de amêndoas.

**Variante:**

Para uma sobremesa ainda mais rica destinada a ocasiões especiais, junte à massa de damascos 150 ml de creme batido antes de despejar nos recipientes.

## MOLHO DE DAMASCOS

*225 g de damascos secos e doces*
*Caldo de 1 laranja grande* ou *suco congelado de laranja, diluído e sem adoçar*

1. Lave os damascos (escalde em água e enxágüe de novo se não forem frutas cultivadas organicamente).
2. Prepare os damascos cobrindo-os com água fervendo e deixando-os de molho à noite.
3. Na manhã seguinte, coloque os damascos e parte do caldo da água em que ficaram de molho num liquidificador com suco de laranja suficiente para fazer um caldo de densidade média. É difícil fornecer quantidades precisas. Se colocar o liquidificador em velocidade mínima, poderá ir adicionando mais caldo de laranja, se julgar conveniente, até a mistura atingir a consistência desejada.
4. Sirva como guarnição de pêras descascadas e cortadas em fatias ou de outra fruta. Um pouco de creme batido enriquece a guarnição, dando-lhe textura mais macia.

## PUDIM DE NATAL

Esta receita é a favorita de minha família e meus amigos. Não contém farinha ou açúcar e nem dá a sensação de que "se está muito cheio", típica de quem ingere o tradicional pudim natalino de ameixas secas.

*225 g de uvas sultaninas inteiras*

*225 g de uvas sultaninas picadas bem fino*

*225 g de passas grandes, sem sementes e picadas fino*

*75 g de passas sem sementes, mas inteiras*

*16 ameixas secas deixadas de molho em água por dois dias, descaroçadas e picadas fino*

*100 g de nozes e amêndoas picadas bem fino*

*225 ml de caldo de ameixas (água em que ficaram de molho)*

*Caldo de 1 laranja grande e um pouco de casca ralada (se as laranjeiras tiveram cultivo orgânico e portanto não receberam pulverizações)*

*225 g de amêndoas moídas ou avelãs recém-moídas*

*125 ml de conhaque ou uísque*

*2 gemas de ovo bem batidas*

1. Coloque todos os ingredientes numa tigela e misture bem.
2. Unte uma fôrma de pudim com capacidade para 6 xícaras (ou 1,250 ml) e despeje nela a mistura.
3. Recubra a superfície com papel parafinado e com um revestimento externo de papel de alumínio.
4. Cozinhe ao vapor durante 1 hora.
5. Para servir, ponha numa travessa quente, enfeite com bagas de azevim e despeje um pouco de conhaque sobre o pudim.
6. Pode acompanhar este pudim com creme batido, aromatizado com conhaque.

*Observação:* O pudim tem um rico aroma que soltam as frutas. Mas, se preferir o tradicional sabor picante do pudim de Natal, pode juntar 1 colher, de chá, de especiarias à mistura.

*Congelamento:* este pudim conserva-se bem no congelador durante 6 semanas. Para servir, deixe descongelar pouco a pouco e reaqueça durante 45 minutos.

## SALADA DE NECTARINAS

(4 porções)

*4 nectarinas bem maduras*

*4 colheres, de chá, de mel claro e suave como o de flores de acácia*

*Vinho branco, não muito seco*

1. Lave as nectarinas e enxugue com cuidado para não ferir as cascas.
2. Não as descasque. Usando uma faca de aço inoxidável, corte cada nectarina dentro de uma taça de vinho. (Para obter melhor efeito, faça a primeira incisão seguindo a divisão natural da fruta, da base do talo até o umbigo onde existia a flor. Vá cortando em fatias em volta e girando a fruta para que, no fim, só lhe reste o caroço na mão.)
3. Despeje 1 colher, de chá, de mel sobre cada nectarina cortada e complete cada taça com vinho branco.

*Observação:* não prepare a salada muito antes da refeição, porque a fruta pode ficar encharcada.

Pode preparar pêssegos da mesma forma, bastando descascá-los. Na França, usa-se em geral vinho tinto para cobrir os pêssegos.

## IOGURTE

O iogurte caseiro é rápido e fácil de preparar. Você não precisa de equipamento especial, exceto uma garrafa térmica de boca larga (também útil para levar sopa destinada a um almoço longe de casa) e um termômetro de laticínios. Se sua família gosta de iogurte, economizará muito dinheiro fazendo-o você mesma.

*550 ml de leite (com toda a nata* ou *desnatado)*

*1 colher, de sopa, de leite em pó desnatado (facultativo)*

*1 colher, de chá, de iogurte natural (para a inoculação)*

1. Despeje o leite numa panela de fundo grosso.
2. Dissolva nele o leite em pó, se quiser; dá melhor textura ao iogurte, tornando-o mais denso.
3. Aqueça o leite até 82 graus ou até quando ele estiver quase fervendo.
4. Esfrie o leite colocando a panela na pia. Abra a torneira de água fria e espere até a temperatura do leite baixar para 43 graus.
5. Enxágüe a garrafa térmica com água quente. Despeje a maior parte do leite na garrafa.
6. Misture 1 colher, de chá, de iogurte natural no leite restante e despeje na garrafa térmica.
7. Enrosque a tampa e agite para misturar bem.
8. Deixe em repouso de 4 a 6 horas, ou até ver que coalhou e está firme.
9. Desenrosque a tampa e coloque a garra térmica aberta na geladeira, para resfriar bem e dar melhor consistência ao iogurte.
10. Pode empregar 1 colher, de chá, deste iogurte como fermento para iniciar a cultura de outra partida de leite. Mas precisará recorrer a novo fermento, fresco e "vivo", a cada 7 a 10 partidas de iogurte.

*Observações:* eis outros métodos de incubação, além dos usados no iogurte comercial:

1. Depois de aquecer o leite e juntar-lhe iogurte para a cultura, despeje-o num recipiente próprio para líquidos, com tampa.
2. Coloque o recipiente numa caixa cercada por fragmentos de poliestireno (própria para transporte de alimentos), *ou*
3. Embrulhe o recipiente num tecido quente e deixe em local morno, como o armário da cozinha ou uma prateleira sobre o fogão.

Tão logo fique pronto, o iogurte pode ser usado do modo costumeiro. Para um iogurte de fruta, junte esta ao iogurte apenas *depois* de ele estar pronto.

A receita seguinte, de iogurte de abacaxi, dá uma sobremesa rápida e deliciosa para tomar depois de um prato principal protéico.

## IOGURTE DE ABACAXI

Esmague o abacaxi fresco, sem adoçante. Junte-o ao iogurte integral conforme desejar. Sirva em recipientes individuais e polvilhe com sementes de girassol.

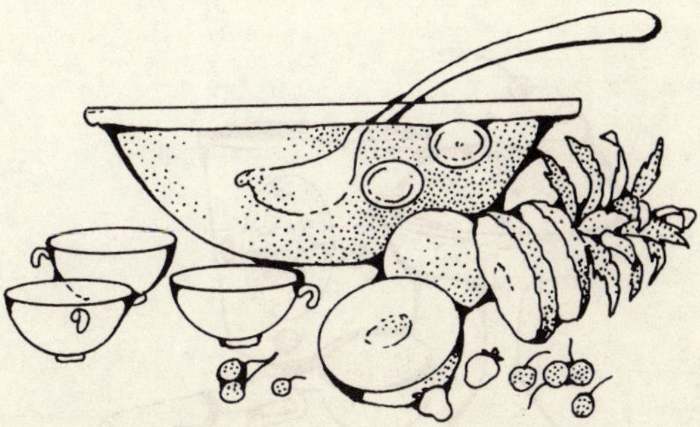

## SORVETE

*275 ml de creme espesso*

*275 ml de creme leve*

*1 colher, de sopa, rasa de leite em pó*

*Leite frio*

*225 g de passas picadas*

*225 g de castanhas-de-caju ou outras*

*1 colher, de sopa, de xarope de bordo*

*1 colher, de sobremesa, de mel*

1. Misture os cremes e bata até ficar espesso.
2. Misture o leite em pó com um pouco de leite frio, dando-lhe consistência cremosa, e despeje no creme batido.
3. Adicione o xarope de bordo, o mel para adoçar e as passas e castanhas picadas.
4. Coloque num pote, cubra com papel aluminizado e congele. Agite uma vez durante a fase de congelamento.

*Observação:* o leite em pó é o segredo do êxito desta receita, pois evita que o sorvete fique com textura de gelo. Também dá à massa uma delicadeza que só os profissionais conseguem. O sorvete conservará essa textura se mantido no congelador por uma semana ou mais.

## REFEIÇÕES PARA VIAGEM

Não se deve pensar apenas em sanduíches de pão quando se pensa em refeições para viagem. Uma refeição protéica é também fácil de levar.

Uma refeição "embalada" pode consistir de fatias de carne de vaca ou de frango, frias, que sobraram do almoço de domingo e que sejam colocadas entre folhas de alface; também pode constar de um pedaço de queijo com talos de aipo, cenouras cruas, fatias de raiz de funcho, agrião, tomates, pedaços de pepino, rodelas de pimenta ou de coco fresco. Como sobremesa, embrulhe algumas frutas ácidas como maçãs, pêras e laranjas. Se achar que ainda assim vai ter fome, sementes de girassol dão um recheio delicioso; e em dias frios a refeição pode ser precedida de uma sopa vegetal quente que você levará numa garrafa térmica.

Outra boa refeição para viagem consiste de omeletas individuais frias (pág. 166) acompanhadas de alface, agrião ou outros vegetais para saladas que precederão uma fruta fresca.

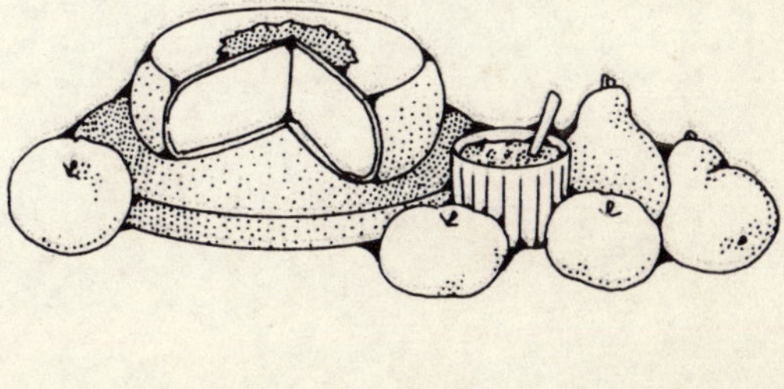

## QUARTA PARTE

# RECEITAS DE REFEIÇÕES AMILÁCEAS

# 13

# SOPAS

## SOPA DE AIPO

(4 a 6 porções)

*2 raízes de aipo que pesem o total de 700 g*
*50 g de manteiga*
*850 ml de caldo de vegetais*
*Sal marinho*
*Pimenta-do-reino recém-moída*
*4 colheres, de sopa, de creme leve*
*Salsa recém-picada*

1. Descasque e pique a cebola; descasque as raízes de aipo e corte em cubos.
2. Derreta a manteiga numa panela de fundo grosso e cozinhe as cebolas em fogo brando de 2 a 3 minutos. Junte as raízes de aipo e cozinhe por cinco minutos, mexendo sem parar.
3. Despeje o caldo, espere ferver, tampe a panela e aguarde até as raízes amaciarem.
4. Despeje no liquidificador e bata até obter um mingau uniforme.
5. Recoloque na panela, junte os temperos e leve de novo ao fogo.
6. Despeje o creme e sirva com muita salsa picada.

## SOPA DE BATATAS

(4 porções)

*1 alho-poró*

*25 g de manteiga*

*4 batatas que pesem entre 150 e 225 g cada*

*550 ml de caldo de vegetais* ou *água temperada com 1/2 colher, de chá, de extrato de levedura.*

*Sal marinho*

*Pimenta-do-reino recém-moída*

*Noz-moscada ralada* ou *1 colher, de chá, de* curry

1. Lave bem o alho-poró e pique.
2. Derreta a manteiga numa panela de fundo grosso e junte o alho-poró picado. Cozinhe em fogo brando.
3. Junte as batatas (bem lavadas e cortadas em quatro) e o caldo de vegetais.
4. Deixe ferver, tampe a panela e aguarde até as batatas amaciarem.
5. Coloque no liquidificador e bata até obter um mingau uniforme.
6. Recoloque na panela, tempere com sal e pimenta-do-reino e adicione um pouco de leite para dar consistência cremosa (ou então mais caldo, se preferir).
7. Junte uma pitada de noz-moscada *ou* uma colherinha de *curry*.
8. Aqueça de novo e sirva, depois de polvilhar a superfície com salsa picada.

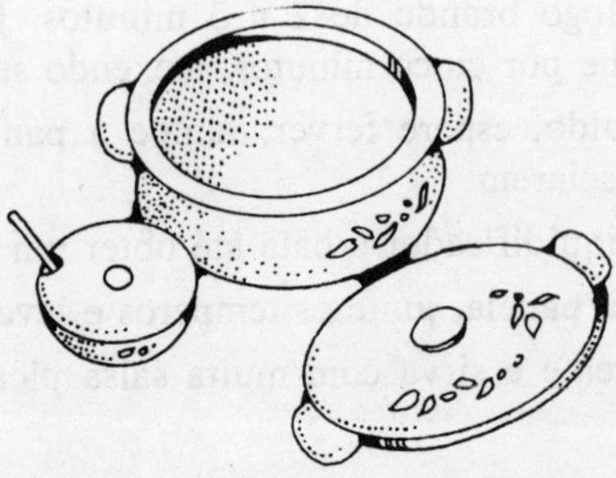

## SOPA MISTA DE VEGETAIS

(4 a 6 porções)

*225 g de pastinacas*
*225 g de cenouras*
*225 g de rutabagas ou nabos*
*2 talos de aipo*
*50 g de manteiga*
*1 litro de caldo de vegetais*
*1 colher, de chá, de extrato de levedura*
*Sal marinho*
*Pimenta-do-reino recém-moída*
*Salsa recém-picada*

1. Corte as pastinacas, cenouras e rutabagas (ou nabos) em fatias bem finas e corte o aipo em pedaços.
2. Derreta a manteiga numa panela de fundo grosso, junte as raízes e cozinhe em fogo brando por 5 minutos.
3. Despeje o caldo de vegetais, o extrato de levedura e o aipo cortado. Espere ferver em fogo alto. Baixe o fogo e cozinhe por 10 minutos até os vegetais ficarem macios, mas não desmanchando.
4. Coloque no liquidificador e bata por alguns segundos, conseguindo uma textura densa, mas ainda grossa.
5. Coloque de novo na panela e leve ao fogo. Tempere com sal e pimenta.
6. Sirva depois de espalhar muita salsa picada na superfície.

*Observação:* se você cultiva ervas e tem um pé de ligústica, junte *uma* folha dessa planta, pois o aroma da sopa melhora.

## SOPA DE ASPARGOS

Pode fazer esta sopa com as aparas de um maço de aspargos. Sirva os brotos de aspargo como um prato vegetal da forma costumeira.

(4 porções)

*Aparas de um maço de 1 kg de aspargos*

*125 g de cebola picada*

*40 g de manteiga*

*1 colher, de sobremesa, de farinha de batata*

*1/2 litro de caldo de aspargos (resultante do cozimento dos brotos e aparas)*

*Sal marinho*

*Pimenta-do-reino recém-moída*

*1 colher, de sopa, de salsa picada*

*2 colheres, de sopa, de creme espesso*

1. Cozinhe o maço de aspargos da forma costumeira. Sirva os brotos como prato vegetal. Reserve as aparas e o caldo dos aspargos.
2. Ponha no fogo uma panela de fundo grosso. Derreta a manteiga, junte a cebola picada e cozinhe em fogo brando até a cebola ficar corada.
3. Junte as aparas de aspargos e o caldo do cozimento. Ferva em fogo brando por 10 minutos para extrair todo o sabor.
4. Bata o líquido no liquidificador e passe em peneirinha para remover as partes fibrosas.
5. Coloque de novo na panela e junte a farinha de batata depois de misturá-la com um pouquinho de água, formando uma pasta.
6. Adicione temperos a gosto e aqueça até perceber que o caldo está prestes a ferver.
7. Junte salsa, despeje o creme e sirva.

# 14

# SALADAS

## SALADA DE BATATAS

(4 porções)

*4 batatas grandes* ou *8 batatas pequenas, recém-colhidas*

*2 talos de aipo*

*2 a 3 cebolas brancas (chalotas)*

*2 colheres, de sopa, de creme simples*

*Sal marinho*

*Pimenta-do-reino recém-moída*

*3 a 4 folhas de hortelã*

1. Cozinhe as batatas com a casca.
2. Retire as cascas enquanto as batatas estiverem quentes. Deixe-as esfriar.
3. Corte as batatas em cubos, o aipo e as cebolas brancas. Misture.
4. Tempere com o creme ao qual juntou um pouquinho de sal, pimenta e folhas de hortelã picadinhas.

*Observação:* sobras de batatas fritas cortadas em gomos também servem para fazer esta salada.

## SALADA DE ARROZ INTEGRAL

(4 porções)

*225 g de arroz integral de grão longo*

*700 ml de água*

*1 colher, de chá, rasa de sal marinho*

*3 chalotas (cebolas brancas) picadas bem fino*

*1 pimenta vermelha, sem sementes e picada bem fino*

*50 g de passas sem sementes*

*50 g de nozes-pecãs picadas grosso*

*1 colher de azeite de oliva*

*Sal e pimenta-do-reino recém-moída*

*Salsa recém-picada*

1. Despeje o arroz numa peneira sob a torneira e deixe a água fria escorrer para a remoção de todas as impurezas.
2. Coloque o arroz com a água numa panela grande e espere ferver.
3. Deixe ferver por 1 minuto, tampe a panela e baixe o fogo, reduzindo ao máximo a intensidade da fervura.
4. Deixe cozinhar por 40 minutos e prove. Os grãos de arroz devem estar fáceis de mastigar, mas não muito moles.
5. Despeje o arroz num coador de macarrão e enxágüe com água fria. Deixe esfriar.
6. Enquanto o arroz estiver cozinhando e esfriando, prepare os demais ingredientes.
7. Quando o arroz estiver quase frio junte as cebolas, pimenta vermelha, passas e castanhas.
8. Despeje o azeite de oliva sobre a salada e agite bem. Adicione mais tempero se julgar necessário.
9. Coloque a salada numa travessa e guarneça com salsa picada.

## TABULE

(6 porções)

*225 g de trigo triturado*
*3 colheres de chalota picada* ou *1 cebola picada fino*
*Sal e pimenta-do-reino recém-moída*
*6 colheres, de sopa, de salsa picada bem fino*
*3 colheres, de sopa, de hortelã picada bem fino*
*4 colheres, de sopa, de azeite de oliva*
*2 colheres, de sopa, de casca ralada de limão*
*Alface*
*1 pimenta verde*

1. Deixe o trigo de molho em água por 1/2 hora. Escorra e esprema para extrair o máximo de umidade. Espalhe sobre papel-guardanapo para uma secagem ainda melhor.
2. Misture o trigo com a cebola picada, revolvendo bem para que o suco penetre nos grãos triturados. Tempere a gosto com sal e pimenta.
3. Junte a salsa, hortelã, azeite de oliva, casca ralada de limão e misture bem. Prove, verificando se precisa de mais sal ou mais casca de limão. O tabule precisa ter um sabor característico de limão.
4. Empilhe numa travessa grande guarnecida com folhas tenras de alface e tiras de pimenta vermelha.

## SALADA DE NOZ-PECÃ E MASSA

(4 porções)

*100 g de conchas de massa de trigo integral*

*1 pimenta verde, sem sementes*

*100 g de nozes-pecãs*

*50 g de passas*

*4 colheres, de sopa, de guarnição de creme azedo para refeições amiláceas (p. 208).*

1. Cozinhe as conchas de massa em água salgada fervendo até ficarem apenas macias.
2. Escorra bem e deixe esfriar.
3. Pique bem fino a pimenta verde e misture com as conchas de massa.
4. Junte as nozes-pecãs e passas.
5. Misture bem com a guarnição de creme azedo e sirva.

*Observação:* esta salada tem tanta substância que serve como prato principal. Se empregada como prato secundário, as porções devem ser menores, dando para 6 a 8 pessoas em vez de 4.

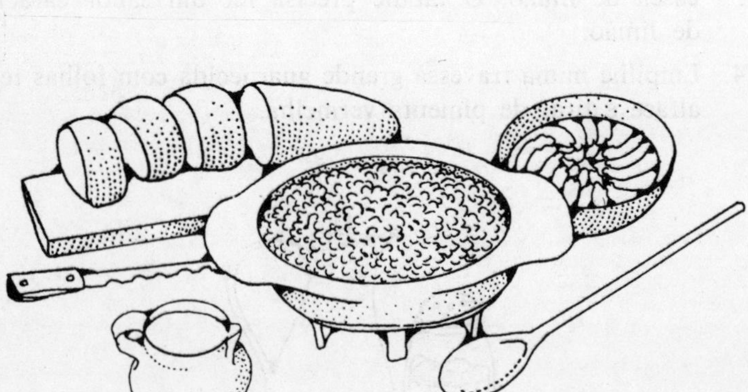

## SALADA DE FEIJÃO-FAVA

(4 porções)

*900 g de feijão-fava tenro*
*2 a 3 talos de segurelha*
*Mostarda e agrião*
*150 ml de creme azedo*
*Sal marinho*
*Páprica*

1. Se o feijão-fava tiver vagens realmente pequenas e macias, basta lavar, aparar a base do caule e as pontinhas e picar. Se as vagens forem adultas, convém descascar, aproveitando só os feijões.
2. Coloque os feijões em água fervendo que dê *apenas* para cobri-los. Junte uma pitada de sal e um talo de segurelha. Cozinhe com a panela tampada até os feijões (ou vagens) ficarem meio macios (de 10 a 15 minutos).
3. Escorra os feijões e espere esfriar.
4. Distribua mostarda e agrião no fundo de uma travessa e espalhe os feijões cozidos. Guarneça com o creme azedo, temperado previamente com uma pitada de páprica e uma colher, de chá, de folhas de segurelha picadas bem fino.

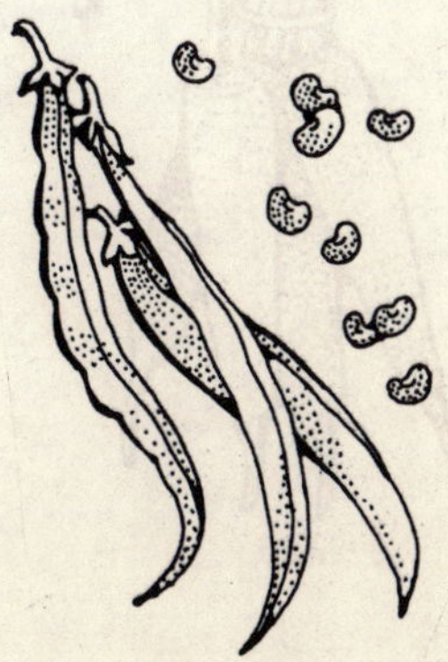

## SALADA DE CENOURA E PASSAS

(4 porções)

*50 g de passas sem sementes*
*225 g de cenoura crua e ralada*
*Alface*
*3 colheres, de sopa, de creme simples*
*Sal marinho*
*Pimenta-do-reino recém-moída*

1. Deixe as passas de molho em água duas horas antes de preparar a salada.
2. Misture a cenoura ralada com as passas (depois de ficarem de molho) e distribua sobre uma camada de folhas de alface.
3. Tempere o creme com sal e pimenta. Despeje sobre as cenouras e passas.

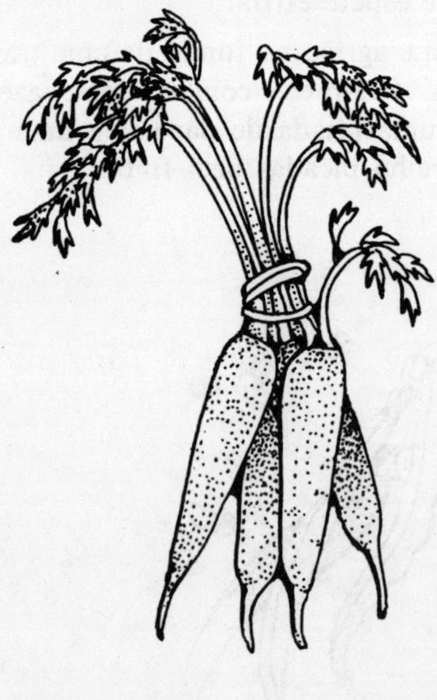

## SALADA DE BANANA COM TÂMARAS

A quantidade de ingredientes para esta salada varia de acordo com o número de pessoas a serem servidas.

*1 banana pequena por pessoa*

*Nozes raladas ou picadas bem fino* ou *sementes de gergelim torradas*

*1 cabeça de alface* ou *outras verduras*

*4 tâmaras por pessoa*

*100 g de queijo cremoso sem aditivos*

*1 colher, de chá, de mel claro como o de flores de acácia*

*Folhas frescas de hortelã* ou *casca ralada de um limão bem lavado*

1. Corte a banana em quatro e passe os pedaços nas castanhas raladas ou sementes torradas de gergelim.
2. Lave e enxugue as folhas de alface e forre com elas uma travessa formando a base para os demais ingredientes.
3. Distribua os pedaços de banana na camada de alface.
4. Retire os caroços das tâmaras, recheie com queijo cremoso e distribua na travessa.
5. Guarneça a salada com creme adoçado com uma colher, de chá, de mel e temperado com uma pitada de folhas de hortelã picadinhas ou um pouco de casca ralada de limão.

## PATÊ DE BERINJELA

(4 porções)

*3 berinjelas grandes*

*1 dente de alho*

*2 colheres, de sopa, de azeite de oliva*

*1 colher, de sopa, de caldo de limão* *

*Sal marinho e pimenta-do-reino recém-moída*

*1 colher, de sobremesa, de estragão verde* **

1. Aqueça o forno a 180 graus.
2. Coloque as berinjelas numa assadeira rasa, leve ao forno e aguarde 45 minutos.
3. Retire as berinjelas do forno e deixe esfriar um pouco. Corte ao meio e retire a polpa. Coloque uma peça média no moedor de vegetais. Passe a polpa de berinjela pelo moedor.
4. Junte o alho esmagado e despeje o azeite de oliva e limão suficiente para dar sabor picante ao patê.
5. Junte sal e pimenta a gosto, despeje o estragão picado e coloque numa travessa.
6. Gele bem antes de servir.
7. Sirva sobre torradas de trigo integral como refeição leve ou em menor quantidade como entrada. Esse patê conserva-se bem quando congelado, mas fresco é melhor.

---

* Permitido porque a quantidade usada é mínima.

** Se não encontrar estragão, antes de servir enfeite o patê com um pouco de salsa picada bem fino.

## GUARNIÇÕES DE SALADAS PARA REFEIÇÕES AMILÁCEAS

**Guarnição francesa sem acidez:**

Empregue partes iguais de caldo de tomate cru e azeite de oliva *ou* óleo de girassol. Tempere com sal marinho, páprica e alguma erva que tiver à mão. Estragão verde ou manjericão, picadinhos, são ótimos.

**Guarnição de creme simples:**

Junte sal marinho, pimenta-do-reino recém-moída e ervas picadinhas a 150 ml (2/3 de xícara) de creme simples (leve). Guarnição boa para saladas de vegetais crus e picados.

**Guarnição de creme de abacate:**

Bata a polpa de um abacate maduro com um pouco de creme leve e tempere com sal marinho e páprica. Boa guarnição para uma salada mista de verduras.

**Cobertura de gema:**

As gemas de ovo são fonte excelente de vitaminas e sais minerais. Ferva os ovos, espere esfriar, extraia as gemas e pique bem fino ou passe por uma peneirinha. Tempere de leve com sal marinho. Empregue como cobertura decorativa e nutritiva em saladas e pratos vegetais.

**Saladas de vegetais cozidos:**

Pode-se prepará-las simplesmente com um pouco de azeite de oliva temperado.

O melhor óleo para mesa e cozinha é o azeite de oliva extraído por prensagem a frio. Uma vez que agora é tão caro e difícil de obter um óleo que tenha realmente ótimo sabor, as alternativas se voltam para o óleo de gergelim e o óleo de girassol extraídos a frio.

**Guarnição de creme azedo:**

*150 ml de creme azedo*

*Casca ralada de um limão bem lavado*

*Sal marinho*

*Pimenta-do-reino recém-moída*

*1 colher, de chá, de mel claro e leve (facultativo)*

1. Misture bem todos os ingredientes antes de despejar a guarnição sobre a salada. É melhor preparar esta guarnição momentos antes de usar.

# 15

# PRATOS PRINCIPAIS

## ESPAGUETE COM MOLHO

(4 porções)

*225 g de espaguete integral*

*Sal marinho*

*1 punhado de manjericão verde, picado*

*100 g de castanhas de pistácia* ou *pinhas*

*6 tomates grandes*

*8 colheres, de sopa, de azeite de oliva*

*Pimenta-do-reino*

1. Encha, pelo meio, uma grande panela com água, despeje uma colher de sal marinho e ferva.
2. Despeje o espaguete na água, afundando-o enquanto amolece.
3. Cozinhe em fogo brando por 10 minutos até o espaguete ficar apenas macio: *al dente.*
4. Escorra bem a água do espaguete e transfira-o para uma travessa bem untada e aquecida.
5. Faça o molho enquanto o espaguete cozinha.

6. Despele os tomates, corte em grandes pedaços e coloque na batedeira.
7. Junte manjericão, castanhas, sal, pimenta e azeite de oliva.
8. Bata tudo junto e ajuste o tempero a seu gosto.
9. Despeje o molho sobre o espaguete, junte um pouco de manteiga e agite bem o espaguete. Sirva logo.

## MASSA COM MOLHO DE SALSA

(4 porções)

*225 g de conchas de massa de trigo integral*
*Sal marinho*

**Para o molho de salsa:**

*25 g de manteiga*
*25 g de farinha de trigo integral*
*275 ml de leite*
*2 a 3 colheres, de sopa, de salsa picada*
*Sal marinho*
*Pimenta-do-reino recém-moída*

1. Coloque as conchas de massa numa panela de água fervendo com uma pitada de sal e cozinhe de 10 a 12 minutos até ficar *al dente* (fácil de mastigar, mas não muito mole).
2. Numa panela de fundo grosso derreta a manteiga e despeje a farinha. Misture com uma colher de pau até a mistura borbulhar.
3. Retire a panela do fogo e junte o leite pouco a pouco, mexendo sem parar para que não empelote.
4. Coloque de novo no fogo e mexa sem parar até o molho engrossar e atingir o ponto de fervura.
5. Lave e pique a salsa. Junte ao molho.
6. Escorra as conchas de massa e coloque numa travessa.
7. Aqueça de novo o molho e despeje sobre a massa. Sirva com uma salada de verduras.

## ARROZ COM ALHO-PORÓ E CASTANHAS-DE-CAJU

(4 porções)

*225 g de arroz integral de grão longo*

*700 ml de água*

*4 a 6 pés de alho-poró*

*25 g de manteiga*

*50 g de passas sem sementes*

*50 g de castanhas-de-caju*

1. Ponha o arroz e a água numa panela de tampa e deixe ferver. Ao fim de 5 minutos de fervura, ponha a tampa na panela e baixe o fogo. Aguarde 40 minutos.
2. Ponha a manteiga numa panela de fundo grosso e derreta em fogo brando. Junte o alho-poró, que já deve estar bem limpo e cortado em rodelas transversais.
3. Tampe a panela e conserve o fogo baixo para que o alho-poró cozinhe devagar no seu próprio líquido até amaciar. Cuidado para não cozinhar demais. A parte verde do alho-poró precisa conservar o tom claro. Em geral, bastam de 5 a 10 minutos para o cozimento, mas o tempo varia de acordo com o diâmetro dos talos.
4. Quando o alho-poró estiver pronto, passe para um coador de macarrão e escorra. Coloque de novo na panela e junte as passas e as castanhas-de-caju.
5. Quando o arroz estiver pronto, junte o conteúdo das duas panelas e prove o tempero, adicionando um pouquinho de sal e de pimenta-do-reino moída se julgar necessário. Sirva.

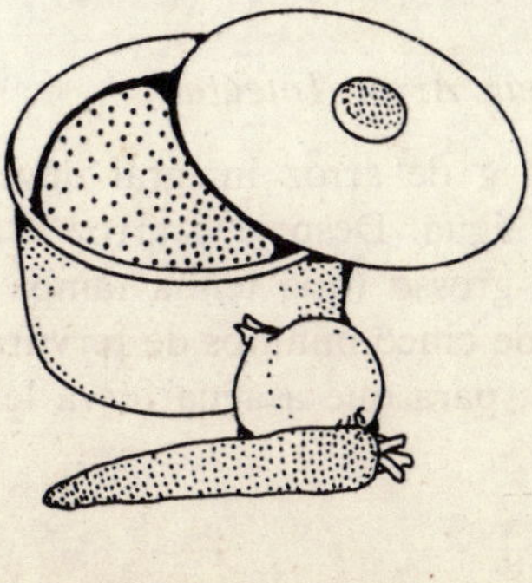

## ARROZ COM VEGETAIS

(4 porções)

*450 g de vegetais crus, a seu critério: ervilhas, cenouras, aipo, alho-poró, pimentas vermelhas ou verdes, raízes de aipo*

*25 g de manteiga*

*Ervas secas sortidas*

*Sal marinho*

*Pimenta-do-reino recém-moída*

*350 g de arroz integral cozido* *

*50 g de passas*

*50 g de castanhas picadas*

*1 colher, de chá, de* curry *(facultativo)*

1. Prepare os vegetais crus; corte em cubos as cenouras e o aipo ou raízes de aipo, e o alho-poró e as pimentas em fatias.
2. Coloque os vegetais preparados (exceto ervilhas) numa caçarola com a manteiga.
3. Cozinhe em fogo brando por 10 minutos, mexendo de vez em quando.
4. Despeje água que apenas dê para cozinhar os vegetais, evitando que eles grudem no fundo da panela. Junte uma pitada de ervas secas e sortida, sal e pimenta. Quando quiser variar, adicione uma colher, de chá, de *curry* assim que as cenouras estiverem cozidas.
5. Cozinhe as ervilhas em panela separada para conservar a cor.
6. Quando a mistura de vegetais estiver macia e consistente, junte o arroz, passas, ervilhas e castanhas picadas.

* *Para Cozinhar Arroz Integral*

Cada 225 g de arroz integral deve receber 700 ml (3 xícaras) de água. Despeje o arroz e a água numa panela de fundo grosso (que tenha tampa bem ajustada) e ferva. Ao fim de cinco minutos de fervura, tampe a panela e baixe o fogo, para que a água ferva lentamente. Aguarde 40 minutos. Não mexa enquanto estiver cozinhando. Quando o arroz estiver cozido, já absorveu toda a água. Mas, se ainda sobrou um pouco de água, escorra e coloque de novo a panela no fogo, aguardando a secagem do arroz durante alguns minutos para então servir.

## PANELADA DE VEGETAIS

(4 porções)

*20 g de manteiga*
*3 cebolas descascadas e cortadas em fatias*
*450 g de cenouras esfregadas e cortadas em fatias*
*450 g de batatas descascadas e cortadas em fatias*
*2 talos de aipo, lavados e picados*
*1 pimenta verde lavada, sem sementes e cortada em tiras*
*250 g de cogumelos pequenos, lavados e cortados em fatias*
*575 ml de água* ou *de caldo de vegetais*
*1 colher, de sopa, de purê de tomate*
*1 folha grande de louro*
*1 colher, de sobremesa, de farinha de batata*
*Sal marinho*
*Pimenta-do-reino recém-moída*

1. Aqueça o forno a 190 graus.
2. Derreta a manteiga numa frigideira grossa e frite de leve as cebolas até corá-las. Junte o restante dos vegetais e continue cozinhando durante mais 2 ou 3 minutos, mexendo sem parar.
3. Transfira para uma travessa refratária ao calor e junte água (ou caldo), purê de tomate, a folha de louro e temperos.
4. Ferva o conteúdo da travessa refratária em fogo brando e então leve ao forno. Cozinhe no forno durante 45 minutos.
5. Retire do forno e junte farinha de batata transformada em pasta pela mistura de um pouco de água. Mexa bem, complete o tempero a gosto e coloque de novo no forno. Deixe 15 minutos e sirva.

## AVELÃS AO FORNO

(4 porções)

*300 g de avelãs*
*225 g de farelo de pão integral*
*225 g de cebolas picadas*
*225 g de cenouras raladas*
*Sal marinho*
*Pimenta-do-reino recém-moída*
*1/2 colher, de chá, de ervas secas e mistas*
*2 gemas de ovo*
*Leite*

1. Aqueça o forno a 190 graus.
2. Corte as avelãs em pedaços mais ou menos grandes.
3. Misture bem as avelãs, farelo de pão, cebola e cenoura.
4. Junte sal e pimenta a gosto. Adicione as ervas secas.
5. Adicione as gemas batidas e, se necessário, um pouco de leite para dar liga à mistura.
6. Coloque numa fôrma de pão untada e asse por 45 minutos. Sirva com uma salada de verduras cruas ou cozidas.

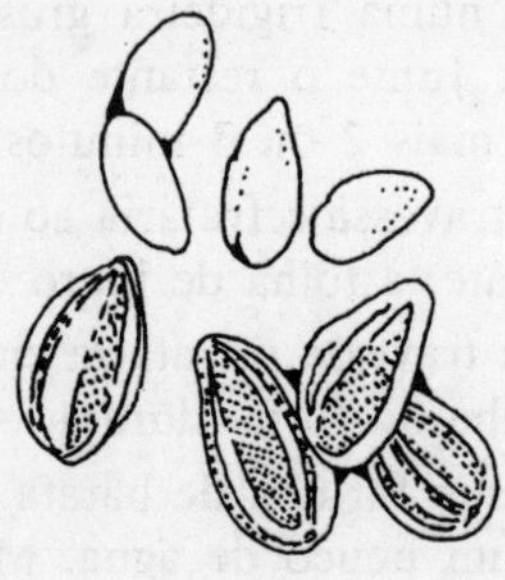

## BATATAS À LA HAY

(2 porções)

*2 grandes batatas (recém-colhidas) por pessoa*

*1 cebola pequena por pessoa (do tamanho que preferir)*

*Sal marinho*

*Pimenta-do-reino recém-moída*

*Creme espesso ou 15 g de manteiga*

1. Esfregue bem as batatas para retirar a fina película escura e corte em fatias. Aqueça o forno a 220 graus.
2. Corte a cebola em fatias grossas (a quantidade fica a critério de cada um).
3. Coloque uns 5 ml de água numa panela de fundo grosso, despeje a cebola picada e as batatas.
4. Tempere um pouco com o sal marinho e a pimenta-do-reino.
5. Cozinhe em fogo baixo por 6 a 8 minutos, até as batatas ficarem quase no ponto, ocasião em que ainda restará um pouquinho de água na panela.
6. Despeje o conteúdo da panela (inclusive o nutritivo caldo da batata) numa fôrma untada, à prova de fogo, tipo pirex ou louça de Corning.
7. Distribua as fatias de batata, formando uma superfície uniforme. Borrife com um pouco de creme espesso ou unte a superfície com um pedaço de manteiga.
8. Asse por 1/2 hora ou até as fatias de batata da superfície estarem douradas e meio crocantes.

*Observação:* eis um prato excelente e muito saboroso para a refeição amilácea, que pode acompanhar uma salada, vegetais ou verduras como mostarda e agrião. Cozidas desta forma, as batatas consomem pouca gordura (manteiga ou creme), ao contrário de outras formas como as assadas com a casca, que tentam a pessoa a exagerar na manteiga com que são consumidas. (Esta receita é agora tão do agrado de meu marido que ele a prefere a qualquer outro tipo de batatas cozidas. D.G.)

Pode também fazer este prato com batatas velhas, mas então terá que retirar a casca *o mais fino possível* com um descascador de vegetais.

## PANELADA DE BATATA E ALHO-PORÓ

(2 porções)

*2 pés médios de alho-poró*

*25 g de manteiga*

*700 g de batatas*

*225 ml de água*

*Sal marinho*

*Pimenta-do-reino recém-moída*

*2 colheres, de sopa, de creme espesso*

*Salsa picada*

1. Lave e pique o alho-poró.
2. Derreta a manteiga numa panela de fundo grosso e junte o alho-poró picado.
3. Cozinhe em fogo baixo, mexendo com freqüência, até o alho-poró adquirir um tom corado leve.
4. Limpe e corte as batatas em fatias. Junte, com a água, ao alho-poró.
5. Cozinhe em fogo baixo, mexendo de vez em quando até as batatas cozinharem e quase aderirem ao fundo da panela: isso dá um sabor excelente à panelada! Se a mistura endurecer, despeje um pouquinho mais de água.
6. Junte o tempero e despeje o creme antes de servir. Polvilhe com salsa picada para enfeitar.

## BATATAS RECHEADAS COM COGUMELOS

(4 porções)

*4 grandes batatas bem uniformes e de cascas perfeitas*
*Óleo de girassol*
*125 ml de leite quente*
*15 g de manteiga*
*Sal marinho*
*Pimenta-do-reino moída*
*Noz-moscada recém-ralada*

1. Aqueça o forno a 200 graus.
2. Friccione bem as batatas, fure com um garfo e unte a casca com óleo de girassol.
3. Asse no forno durante 1 hora ou até as cascas ficarem quebradiças.
4. Corte as batatas ao meio, retire seu miolo, formando conchas, e coloque de novo no forno para que continuem quebradiças.
5. Esmague bem a massa de batata numa panela com o leite e a manteiga, fazendo uma leve mistura cremosa.
6. Tempere a gosto com sal, pimenta-do-reino e principalmente a noz-moscada.
7. Recheie as conchas de batatas com a mistura e rebaixe o centro desta com o dorço de uma colher, para aí depositar o recheio de cogumelos.

**Para o Recheio de Cogumelos:**

*225 g de cogumelos de chapéus grandes e lamelas escuras**
*6 colheres, de sopa, de leite*
*2 colheres, de sopa, de farinha de batata*
*Noz-moscada ralada*
*1/2 colher, de chá, de extrato de levedura*
*2 colheres, de chá, de creme espesso*

---

* Lamelas são as barbelas da superfície inferior do chapéu dos cogumelos. Outro cogumelo serve para a receita, desde que tenha chapéu grande. (N. do T.)

1. Lave os cogumelos e pique-os bem fino.
2. Cozinhe-os no leite em fogo brando por 10 minutos até amaciarem.
3. Misture a farinha de batata a um pouquinho de leite frio e junte aos cogumelos para engrossar o caldo.
4. Tempere a gosto, adicione uma pitada de noz-moscada (que tem um efeito mágico sobre o sabor dos cogumelos), o extrato de levedura e o creme.
5. Recheie as concavidades das conchas de batatas, leve ao forno e deixe corar sob a grelha. Sirva com uma salada de verdura ou só com mostarda e agrião.

## BATATAS ASSADAS COM QUEIJO CREMOSO E ERVAS

(4 porções)

*4 batatas médias*

*225 g de queijo cremoso*

*2 colheres, de sopa, de iogurte*

*Sal marinho*

*Páprica*

*Cebolinha-capim, estragão* ou *segurelha picados,* ou *quaisquer outras ervas aromáticas verdes*

1. Aqueça o forno a 180 graus.
2. Esfregue bem as batatas, sem descascá-las.
3. Faça um corte de comprido na parte superior de cada batata e asse por 30 a 40 minutos.
4. Enquanto as batatas estiverem assando, misture o queijo cremoso com o iogurte e junte sal, páprica e ervas picadas, a gosto.
5. Retire as batatas do forno e distribua numa travessa. Ponha a mistura de queijo cremoso num saquinho com orifício na parte inferior e esguiche a mistura no corte longitudinal das batatas assadas.

## BATATAS CROCANTES

Escolha uma batata média por pessoa. Com uma faca afiada, faça cortes profundos no dorso de cada batata, a 3 ml de distância entre si. Tempere os cortes e unte com manteiga. Asse em forno pré-aquecido a 180 graus. Quarenta minutos bastam.

Essa é uma forma deliciosa e inédita de assar batatas.

## BOLINHOS DE BATATA

(4 porções)

*700 g de batatas*

*4 colheres, de sopa, de creme leve*

*1 gema de ovo*

*Sal marinho*

*1/4 de colher, de chá, de noz-moscada ralada*

*1 colher, de sopa, de manjerona picada*

*1 colher, de sopa, de cebolinha-capim picada*

1. Friccione as batatas e cozinhe no vapor (ou ferva-as) com casca até amaciarem.
2. Escorra a água e retire as cascas.
3. Esmague bem, com o creme e a gema de ovo, juntando sal a gosto, noz-moscada e ervas aromáticas.
4. Amolde a massa em bolinhos, distribua numa fôrma untada e leve ao forno pré-aquecido a 220 graus. Retire quando dourarem um pouco. Sirva com uma salada de vegetais sortidos.

*Variação:* Empregue 2 colheres, de sopa, de sementes de girassol e 2 colheres de salsa picadinha no lugar da cebolinha-capim ou manjerona.

## VEGETAIS

Em sua grande maioria, os pratos principais desta seção baseados em cereais e batatas são bem nutritivos e precisam de apenas uma salada de verduras, temperada com óleo de oliva, ou um pouco de mostarda ou agrião cultivados em sua própria horta, para acompanhá-los.

Se, no entanto, quiser um prato secundário de vegetais cozidos, é melhor servir um ou dois tipos de verduras cozidas com critério em pouquíssima água (guarde o caldo vegetal) ou, melhor ainda, ao vapor. Uma boa fôrma para tal cozimento possui divisões para que se possa preparar mais de um vegetal ao mesmo tempo. Os vegetais assim cozidos retêm todo o seu sabor natural. A fôrma é de uso econômico. Não recomendamos panelas de pressão para verduras, pois tendem a cozinhar em excesso, por mais bem programadas que sejam. Todos os vegetais se prestam ao cozimento no vapor. Os maiores podem ser cortados em fatias ou picados antes, para se gastar menos tempo no cozimento.

Os vegetais seguintes são especialmente bons se cozidos no vapor:

- Brotos de aspargo (conserve os talos para fazer sopa de aspargos — p. 198).
- Couves-de-bruxelas miúdas, servidas com um pouco de manteiga e polvilhadas com amêndoas em flocos.
- Feijão-de-vagem tenro.
- Brócolos.
- Cenouras.
- Berinjela em fatias.
- Aipo (cortado em fatias longitudinais para cozinhar e servido com um pouco de manteiga).
- Galhinhos de couve-flor.
- Cebolas pequenas, cozidas inteiras, ou cebolas grandes, em fatias.
- Ervilha verde cozida no vapor com um talo de hortelã e servida com manteiga.
- Pastinacas em tiras, cozidas no vapor e servidas com um pouco de manteiga.
- Abobrinha verde.

Quaisquer sobras de vegetais preparadas desta forma retêm todo o seu sabor e podem ser adicionadas a uma sopa de vegetais no dia seguinte.

# 16

# SOBREMESAS

## CREME DE BANANA

(4 porções)

*2 a 3 bananas grandes*
*150 ml de iogurte natural*
*150 ml de creme batido*
*Sementes de girassol*

1. Bata as bananas no liquidificador e depois misture bem com o iogurte.
2. Bata o creme até ficar denso e despeje na mistura de banana.
3. Sirva em taças individuais enfeitadas com um pouquinho de sementes de girassol.

## SORVETE DE TÂMARAS

(4 porções)

*16 tâmaras sem caroços*
*225 ml de água*
*1 colher, de sopa, de leite em pó desnatado*
*150 ml de creme batido*

1. Coloque as tâmaras no liquidificador. Junte a água e o leite em pó. Bata até ficar homogêneo.
2. Bata o creme até ficar espesso e despeje na mistura de tâmaras.
3. Coloque numa fôrma, cubra com papel aluminizado e leve ao congelador.
4. Quando estiver bem consistente, retire do congelador e bata com um garfo para dar uma textura suave. Torne a congelar.

## BANANAS COM GENGIBRE

(4 porções)

*4 bananas maduras*
*Gengibre*
*Amêndoas em flocos*

1. Corte as bananas em fatias dentro de pratinhos individuais.
2. Lave bem o gengibre e pique fino.
3. Espalhe o gengibre sobre as bananas e complete com flocos de amêndoas. Sirva com um pouco de creme batido.

*Variante:* também se pode cortar em fatias as bananas (conforme citado), borrifá-las com algumas gotas de limão (permitidas porque a quantidade é mínima) para impedir que as fatias escureçam e polvilhá-las com sementes de girassol.

## MANJAR DE OVO

(2 porções)

*175 ml de leite*

*2 gemas*

*Mel leve*

*Gotas de essência de baunilha (facultativo)*

1. Aqueça o leite até o ponto de fervura e despeje devagar nas gemas batidas.
2. Coloque de novo na panela (coloque de preferência em fôrma de banho-maria) e mexa até a mistura engrossar um pouco.
3. Adoce a gosto com mel leve e junte umas gotinhas de essência de baunilha se preferir. O manjar ficará firme à medida que esfriar.

**Variante:**

**Manjar de Figo**

1. Faça um manjar de ovos como na receita anterior.
2. Corte figos secos em fatias finas com uma tesoura de cozinha. Coloque em recipientes individuais e espalhe por cima um pouco de gengibre picado bem fino (uma colherinha em cada porção). Complete com o manjar e arremate com creme batido e/ou castanhas de sua preferência.

## OUTRAS SUGESTÕES DE SOBREMESA PARA REFEIÇÕES AMILÁCEAS

- Figos frescos em fatias. Bons sozinhos ou com um pouco de creme leve.
- Tâmaras frescas recheadas com nozes.
- Tâmaras em fatias.
- Pêras bem doces, cortadas em fatias e servidas com um pouco de creme leve.
- Bananas congeladas: Descasque simplesmente uma banana por pessoa e coloque no congelador. Depois de congelada, retire e deixe na geladeira por meia hora. Sirva com um pouquinho de nozes: terá um sorvete de banana!
- Pêras assadas com passas. Descasque as pêras e parta ao meio. Coloque numa assadeira e espalhe por cima um pouco de passas e água. Asse durante 20 minutos em forno pré-aquecido a 180 graus.

# 17

# PÃES

Este livro ficaria incompleto se não fornecesse a receita do pão Grant, delicioso e fácil de preparar porque não é sovado.

Desde a publicação de sua receita pela primeira vez em *Your Daily Bread* (Faber, 1944), trouxe a um número incontável de famílias o prazer de consumir um pão realmente bom, de trigo integral. Também teve algumas variações, que aqui incluímos. *

Todavia, aqui você não encontrará receitas de bolos ou biscoitos porque não há lugar para eles no Sistema Hay, exceto para uso *muito* ocasional.

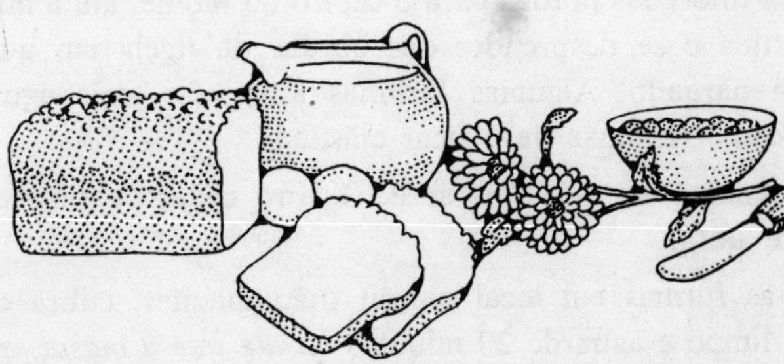

* Consultar: *Pães Naturais,* Editora Ground.
*A arte caseira de fazer pães,* Global Editora.

*Observação:* todos os pães das receitas seguintes conservam-se bem no congelador.

## PÃO GRANT

*1,350 kg de farinha de trigo integral produzida por moinho de pedra*

*2 colheres, de chá, ou menos, de sal marinho*

*1,200 litro de água a 37 graus*

*3 colheres, de chá, rasas de fermento seco*

*2 colheres, de chá, rasas de açúcar mascavo, mel ou melaço*

1. Misture o sal na farinha (se o tempo estiver frio, aqueça um pouco a farinha).
2. Coloque 3 colheres, de sopa, da água numa xícara, espalhe o fermento seco na superfície e aguarde 2 minutos.
3. Junte o açúcar, mel ou melaço. Aguarde mais 10 ou 15 minutos. A essa altura, o líquido deve ter formado uma espuma espessa e cremosa.
4. Faça um buraco no centro do monte de farinha e despeje a mistura de fermento e o restante da água.
5. Misture bem (com a mão é melhor) por um minuto mais ou menos, partindo das bordas para o centro do monte, até a massa ficar elástica e se desprender das bordas da tigela em que a estiver preparando. Algumas farinhas absorvem mais água e outras menos. A massa deve ficar elástica.
6. Divida a massa em três fôrmas de 1 litro cada, depois de as aquecer e untar.
7. Coloque as fôrmas em local morno (não quente), cubra com um pano limpo e aguarde 20 minutos *ou até que a massa, crescendo, fique 1 cm abaixo do limite das bordas das fôrmas.*
8. Asse em forno pré-aquecido, a 200 graus, durante 35 a 40 minutos. Estará pronto quando você tocar na casca e sentir um som balofo.

**Quantidades para um pão:**

*450 g de farinha de trigo integral produzida em moinho de pedra*
*1/2 colher, de chá, de sal marinho*
*360 ml de água a 37 graus*
*1 e 1/2 colher, de chá, rasa de fermento seco*
*1 colher, de chá, de açúcar mascavo, mel ou melaço*

**Variantes do Pão Grant:**

## PÃO COM FARELO

1. Substitua 1/3 de xícara de farinha de trigo integral por 1/3 de farelo fresco, não processado, em cada 4 xícaras de farinha integral que for usar.
2. Método de preparo: como no pão Grant.

## PÃO GORDON GRANT

1. Substitua 1/4 de xícara de farinha de trigo integral por 1/4 de xícara de farinha de aveia em cada 4 xícaras de farinha que for usar.
2. Antes de assar os pães, polvilhe bastante com sementes de gergelim e pressione suavemente as sementes para aderirem à massa.
3. Método de preparo: como no pão Grant.

*Observação:* a farinha de aveia ativa o agradável sabor do pão e faz conservar mais a umidade.

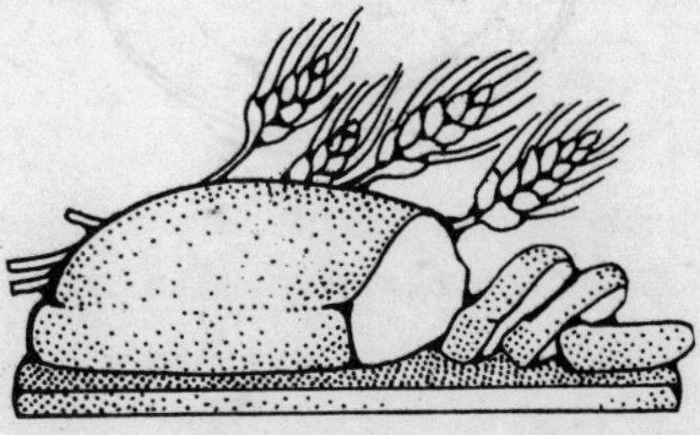

## BOLACHAS INTEGRAIS

1. Reserve parte da massa quando fizer pão. Coloque colheradas de massa numa assadeira untada, deixando bastante espaço entre elas.
2. Passe farinha nas mãos e pressione a massa fazendo rodelas bem finas — o mais fino que puder. Deixe crescerem bem e leve ao forno pré-aquecido com a temperatura própria para pão. Daí a 20 minutos verá que a casca de cima está dourada e que a casca de baixo está quebradiça. Retire.
3. Pode consumir assim que esfriar. Consistindo quase que só em casca bem assada, não são indigestas como o pão fresco. Para servir, corte na horizontal, retire qualquer massa existente no miolo, passe manteiga nas duas metades e recheie com misturas distintas: ovo e agrião, mel e salsa picada ou ainda alface com um pouco de ervas aromáticas picadinhas. São deliciosas se consumidas tão logo esfriem, mas não são boas quando amanhecidas.

## BOLINHOS DE AVEIA

*150 g de farinha de aveia média*
*125 ml de água fervendo*
*1 colher, de chá, rasa de manteiga sem sal*
*1/2 colher, de chá, rasa de sal marinho*

1. Aqueça o forno a 180 graus.
2. Coloque a farinha de aveia numa tigela.
3. Usando um pote tipo *pirex*, despeje a água fervendo no sal marinho e a manteiga sem sal para derreter. Junte a farinha de aveia e mexa bem.
4. Aguarde um minuto mais ou menos para a farinha de aveia inchar, ficando maleável.
5. Despeje a mistura numa tábua para pastéis, bem polvilhada de farinha, e amolde fazendo dois bolos iguais.
6. Role cada bolo separadamente formando um cilindro fino. Corte-o diagonalmente em quatro partes para fazer ao todo oito rodelas.
7. Enrole cada rodela dando forma achatada.
8. Coloque-as numa assadeira e leve ao forno. Estarão assadas quando as bordas ficarem meio recurvas e com um leve tom corado. Retire, deixe esfriar e conserve em recipiente hermético.

*Observação:* estes bolinhos são deliciosos e bem diferentes dos que compramos no comércio. Cuidado com a qualidade da farinha de aveia, que deve ter cheiro e gosto realmente *frescos*. Farinha de aveia estragada tem gosto meio amargo.

## MINGAU DE FARINHA DE AVEIA

Seu preparo é tão rápido quanto o da aveia instantânea; é, no entanto, mais saboroso.

(2 porções)

*100 g de farinha de aveia média*
*550 ml de água*
*Sal marinho*

1. Ferva a água numa panela de fundo grosso.
2. Despeje a farinha de aveia e cozinhe por 3 minutos, até quase chegar à fervura, momento em que o mingau começa a engrossar.
3. Junte uma pitada de sal marinho e despeje em tigelas para mingau. Ao esfriar um pouco, o mingau fica espesso, adquirindo a consistência ideal.
4. Sirva com leite ou com creme de leite.

*Observação:* É boa idéia polvilhar o mingau com farinha de aveia crua antes de servir. Com isto, somos obrigados a mastigar, em vez de simplesmente engolir — e mastigar é muito importante para a digestão dos amidos.

## RECHEIOS DE SANDUÍCHES: REFEIÇÕES PARA VIAGENS

Empregue um pão integral genuíno como o Grant, ou pãezinhos de trigo integral, mais fáceis e rápidos de preparar.

**Sugestões para recheios:**

- Tâmaras amassadas com casca ralada de limão ou laranja.
- Tâmaras e aipo picado.
- Tâmaras e nozes picadas grosso.
- Tomates cortados em fatias e folhas de alface com cebolinha-capim picada.
- Pepino em fatias e agrião.
- Mostarda e agrião com manteiga picante (aromatizada com um pouco de extrato de levedura) ou recheio de sementes de gergelim.
- Agrião com requeijão ou queijo cremoso — mas não queijo caseiro duro: até mesmo os queijos macios representam uma concessão.
- Bananas amassadas com castanhas-de-caju ou amêndoas picadas.
- Queijo cremoso com ervas aromáticas picadas.
- Banana amassada com salsa picada.
- Gemas de ovo, batidas e frias, com agrião.
- Ervilhas cozidas e amassadas com um pouco de hortelã picada.
- Verduras mistas com manteiga picante.
- Feijões-de-vagem cozidos e frios, esmagados com uma gema de ovo bem cozida e picada.

Você terá uma refeição excelente e nutritiva ao consumir um sanduíche com os recheios que mencionamos, se tomar antes uma sopa quente de vegetais (que levará na garrafa térmica) e depois um punhado de castanhas e passas ou sementes de girassol.

**NOTA:**

A tabela de Alimentos Compatíveis (da pág. 236 a 241) deve ser lida na seqüência.

# Apêndice

# ALIMENTOS QUE CAUSAM ACIDEZ OU ALCALINIDADE

A dieta equilibrada consiste de 20% de alimentos acidificantes e de 80% de alimentos alcalinizantes.

**Alimentos que formam ácidos**

Carne de todos os tipos, inclusive caldos de carne, extratos e sopas

Carne de galinha e de outras aves

Peixes de todo tipo e ostras

Queijo

Ovos

Todos os grãos, trigo, arroz, aveia, cevada, trigo-sarraceno e produtos de cereais, exceto painço

Pães de todos os tipos

Cereais do desjejum (todos os tipos)

Farinhas de toda espécie, principalmente a farinha branca

Açúcares de todo tipo e todos os produtos que os contenham, como geléias e conservas, biscoitos, massas, refrigerantes, bebidas de noz de cola e sorvete comercial

Feijões, inclusive a soja

Ervilhas secas

Leguminosas: lentilhas, grão-de-bico, amendoim e manteiga de amendoim (não recomendada)

Nozes, castanha de caju e noz-pecã

*Observação:* produtos de cereais integrais como farinha de trigo a 100% e arroz integral formam menos ácido que a farinha branca ou o arroz polido. Condimentos, conservas salgadas, molhos e vinagres são todos acidificantes, a exemplo do chá, café e álcool. Sementes como as de girassol, gergelim e abóbora podem ser consideradas neutras.

**Laticínios**

Leite — cru de preferência — *não fervido ou esterilizado**

Leitelho

Iogurte

Quefir

Creme fresco

Queijo cremoso

## Gorduras

Manteiga e óleos vegetais como os de oliva, girassol, açafroa e gergelim são tidos como neutros.

---

* O leite é alimento de filhotes de mamíferos, devendo portanto ser consumido com parcimônia pelos adultos. Deve-se considerá-lo alimento e não bebida. Não convém servi-lo em refeição que contenha carne. Leite deve ser usado com parcimônia, apenas com cereais e amidos.

Aquecido, o leite se torna mais ou menos acidificante segundo o grau de caloria a que é submetido.

## Alimentos que formam álcalis

*Frutas*

Abacaxi (fresco)
Ameixa seca
Banana
Cereja
Damasco (fresco ou seco)
Figo (fresco ou seco)
Framboesa
Groselha (vermelha, preta ou branca, *se madura*)
Laranja
Limão
Mamão
Manga
Melão
Morango
Nectarina
Passa (todos os tipos)
Pêra
Pêssego
Quivi
Tâmara
Toranja
Uva

*Castanhas*

Amêndoa
Avelã
Castanha-da-índia
Castanha-do-pará
Pinha

*Cereais*

Painço

*Vegetais*

Abacate
Abóbora
Abobrinha
Agrião
Aipo
Alface
Alho-poró
Aspargo
Batata (com casca)
Berinjela
Beterraba
Brócolos
Cebola
Cebolinha-capim
Cenoura
Chalota (cebola branca)
Chicória/endívia
Cogumelo
Couve-de-bruxelas
Couve-flor
Couve-galega
Couve-rábano
Ervilha verde
Espinafre
Feijão-de-vagem
Mostarda
Nabo
Pastinaca
Pepino
Pimenta (verde ou vermelha)
Rabanete
Raiz de aipo
Repolho (todos os tipos)
Rutabaga
Salsifi
Taraxaco (folhas)
Tomate

# TABELA DE ALIMENTOS COMPATÍVEIS

①

## Colunas I e III são incompatíveis

| I | II | III |
|---|---|---|
| Podem ser misturados (I e II) | | Podem ser misturados (II e III) |
| *Para refeições protéicas* | *Alimentos neutros*<br>(Podem ser misturados com os da Coluna I ou da Coluna III) | *Para refeições amiláceas* |
| PROTEÍNAS | CASTANHAS | CEREAIS |
| Carne de todo tipo: de vaca, carneiro, porco, veado | Todas, exceto amendoim | Integrais: trigo, aveia, milho, cevada, painço, arroz (integral, sem polir), centeio |
| Aves: galinha, pato, ganso, peru | GORDURAS | Pão com farinha de trigo a 100% |
| Caça: faisão, perdiz, tetraz, coelho | Manteiga | Farinha a 100% ou 85% |
| Peixes de todo tipo, inclusive ostras | Creme | Farinha de aveia — moagem média |
| Ovos | Gema | |
| Queijo | Azeite de oliva | |
| Leite (combina melhor com frutas e não deve ser servido numa refeição de carne) | Óleo de gergelim | |
| Iogurte | Óleo de girassol (extraído a frio) | |

(2)

FRUTAS

Maçã
Damasco (fresco ou seco)
Amora-preta
Mirtilo-azul
Cereja
Groselha (preta, vermelha ou branca, se madura)
Toranja
Uva
Quivi
Limão
Lima
*Loganberry* (híbrido da framboesa com amora silvestre)

VEGETAIS

Todas as verduras e raízes comestíveis, exceto batatas e alcachofra
Aspargo
Berinjela
Feijões (apenas verdes)
Beterraba
Brócolos
Couve-de-bruxelas
Repolho
Cenoura
Couve-flor
Aipo
Raiz de aipo

FRUTAS DOCES

Banana madura
Tâmara
Figo (fresco ou seco)
Uva (bem doce)
Mamão (bem maduro)
Pêra (bem madura e doce)
Groselha
Passa
Uva sultanina

•

VEGETAIS

Batata
Alcachofra

# TABELA DE ALIMENTOS COMPATÍVEIS

③

## Colunas I e III são incompatíveis

**Podem ser misturados** (I e II) — **Podem ser misturados** (II e III)

| I | II | III |
|---|---|---|
| *Para refeições protéicas* | *Alimentos neutros* (Podem ser misturados com os da Coluna I ou III) | *Para refeições amiláceas* |
| FRUTAS (Cont.) | VEGETAIS (Cont.) | • LEITE E IOGURTE em pequena quantidade |
| Manga | Abobrinhas verdes | |
| Melão (melhor comê-lo *puro*, como refeição de fruta) | Couve-rábano | |
| Nectarina | Alho-poró | |
| Laranja | Abóbora madura | |
| Mamão | Cogumelo | |
| Pêra | Cebola | |
| Abacaxi | Pastinaca | |
| Ameixa seca (para consumo ocasional) | Ervilha | |
| Framboesa | Espinafre | |
| Uva sultanina | Nabo-sueco (rutabaga) | |
| Morango | Nabo | |
| Tangerina | | |

④

| GUARNIÇÕES PARA SALADAS | INGREDIENTES PARA SALADAS | GUARNIÇÕES PARA SALADAS |
|---|---|---|
| Guarnição francesa feita com óleo e caldo de limão ou vinagre de maçã | Abacate | Creme doce ou azedo |
| Guarnição de creme | Chicória (endívia) | Azeite de oliva ou óleo de sementes extraídos a frio |
| Maionese (feita em casa) | Alface-de-cordeiro | Suco de tomate fresco com óleo e tempero |
| | Pepino | |
| | Endívia (chicória) | |
| | Funcho | |
| | Alho | |
| | Alface | |
| | Mostarda | |
| | Pimentas, vermelhas ou verdes | |
| | Rabanete | |
| | Chalota (cebola branca) | |
| | Brotos de leguminosas | |
| | Brotos de sementes | |
| | Tomate (cru) | |
| | Agrião | |

# TABELA DE ALIMENTOS COMPATÍVEIS ⑤

## Colunas I e III são incompatíveis

| **Podem ser misturados** (I e II) | | **Podem ser misturados** (II e III) |
|---|---|---|
| I | II | III |
| *Para refeições protéicas* | *Alimentos neutros* | *Para refeições amiláceas* |
| | (Podem ser misturados com os da Coluna I ou III) | |
| | ERVAS E TEMPEROS | |
| | Cebolinha-capim | |
| | Hortelã | |
| | Salsa | |
| | Estragão | |
| | Tomilho | |
| | Casca ralada de limão | |
| | Casca ralada de laranja | |
| | SEMENTES | |
| | Girassol | |
| | Gergelim | |
| | Moranga | |
| | FARELO | |
| | de trigo ou de aveia | |
| | Germe de trigo | |

| SUCEDÂNEO DO AÇÚCAR | SUCEDÂNEOS DO AÇÚCAR | AÇÚCARES ⑥ |
|---|---|---|
| Suco congelado de laranja, diluído | Passas e suco de passas | Mascavo |
| PARA VEGETARIANOS (mas não recomendáveis) | Mel | Mel em pequena quantidade |
| Leguminosas | Xarope de bordo | |
| Lentilha | | |
| Soja | | |
| Feijão roxinho | | |
| Grão-de-bico | | |
| Feijão-de-lima (branco) | | |
| Feijão verde | | |
| ÁLCOOL | ÁLCOOL | ÁLCOOL |
| Vinhos tinto ou branco, secos | Uísque | Cervejas |
| Sidra seca | Gin | |

# ÍNDICE DAS RECEITAS

*Receitas para Refeições Protéicas*

Sopas e entradas



Saladas, guarnições e molhos

# LIVROS PARA UMA NOVA CONSCIÊNCIA

## EDITORA GROUND

ALIMENTAÇÃO INFANTIL VEGETARIANA – *Eliane Lobato*
ALIMENTAÇÃO NATURAL PARA BEBÊS – *Marilene Tombini*
ASTROLOGIA ESOTÉRICA – *Sheila Shalders*
AURÍCULO ACUPUNTURA – *Eu Won Lee*
BASES FUNDAMENTAIS DO IRISDIAGNÓSTICO – *Márcio Bontempo*
CATÁLOGO ASTRAL – *J. Canali*
COMBINAÇÕES ALIMENTARES PARA A SAÚDE (prelo) – *Doris Grant/Jean Joice*
CONTROLE NATURAL DA NATALIDADE – *Margaret Nofziger*
COSMÉTICA NATURAL – *Sally Chitwood*
CURA NATURAL PELA MACROBIÓTICA, A – *Michio Kushi*
DIETA PARA UM PEQUENO PLANETA – *Frances Moore Lappé*
DIAMBA SARABAMBA – Org. *Anthony Henman/Osvaldo Pessoa Jr.*
DO-IN – LIVRO DOS PRIMEIROS SOCORROS – 1º vol. *Juracy Cançado*
DO-IN – TÉCNICA ORIENTAL DE AUTO-MASSAGEM – *Jacques de Langre*
DO-IN – MAPA DOS MERIDIANOS CHINESES – *Vários autores*
DO JARDIM DO ÉDEN À ERA DE AQUARIUS – *Greg Brodsky*
INICIAÇÃO À CAPOEIRA – *Mestre Santana*
INICIAÇÃO AO NATURALISMO – *Vilberto A. Felipe*
FENG-SHUI (A ciência do paisagismo sagrado na China Antiga) – *Ernest J. Eitel*

**FIBRAS NATURAIS NA ALIMENTAÇÃO** – *Alcides Bontempo*
**GRAVIDEZ, O PARTO E OS CUIDADOS COM O BEBÊ, A** – *Alice Feinberg/Cornélia Aihara*
**INTRODUÇÃO À MACROBIÓTICA E DIETA DOS DEZ DIAS** – *Márcio Bontempo*
**LIBERDADE ATRAVÉS DA ALIMENTAÇÃO – (Introdução à cozinha natural)** *Yona Teeguarden*
**LIVRO DE BOLSO DA MEDICINA NATURAL, O** – *Márcio Bontempo*
**LIVRO DO DO-IN, O** – *Michio Kushi*
**LIVRO DO CHÁ, O** – *Francis Rohmer*
**LIVRO DA SOJA, O** – *Jane Cadwell*
**LIVRO DO SHIATSU, O** – *Sohaku Bastos*
**MAIS DELICIOSAS, REQUINTADAS E EQUILIBRADAS RECEITAS DA COZINHA NATURAL BRASILEIRA, AS** – *Márcio Bontempo*
**MARAVILHAS CURATIVAS AO ALCANCE DE SUAS MÃOS** – *Marco Ribeiro*
**NATAÇÃO PARA BEBÊS** – *Marília S. Fontanelli/ José A. Fontanelli*
**PÃO NATURAL, O** – *Romélia Meyer*
**PEQUENO MANUAL DO JOGADOR DE CAPOEIRA, O** – *Nestor Capoeira*
**PERMACULTURA I** – *Bill Mollison e David Holmgren*
**POR UM NASCIMENTO CONSCIENTE** – *Haroldo e Flávia de Faria Castro*
**PRONTUÁRIO DE YOGA ANTIGO** – *Prof. De Rose*
**QUE VOCÊ PRECISA SABER SOBRE NUTRIÇÃO, O** – *Alcides Bontempo*
**RECEITAS MACROBIÓTICAS** – *Alcides Bontempo*
**REMÉDIOS CASEIROS** – *Bárbara Graig*
**SAL ASSASSINO, O** – *Marietta Whittlesey*
**SHANTALA (prelo)** – *Frederick Leboyer*
**SHIATSU DOS PÉS DESCALÇOS** – *Shizuko Yamamoto*
**SOBREMESAS NATURAIS** – *Alcides Bontempo*
**SUGAR BLUES** – *William Dufty*
**TOFU** – *Jane Cadwell*

EDITORA GROUND